学者文库

农村土地承包经营权
流转模式研究

张成玉◎著

新 华 出 版 社

图书在版编目（CIP）数据

农村土地承包经营权流转模式研究 ／ 张成玉著 .
—北京：新华出版社，2020.11
ISBN 978－7－5166－5549－8

Ⅰ.①农… Ⅱ.①张… Ⅲ.①农村—土地承包制
—土地流转—研究—中国 Ⅳ.①F321.1

中国版本图书馆 CIP 数据核字（2020）第 225349 号

农村土地承包经营权流转模式研究

作　　者：张成玉	
责任编辑：张　谦	封面设计：中联华文
出版发行：新华出版社	
地　　址：北京石景山区京原路 8 号	邮　　编：100040
网　　址：http：//www.xinhuapub.com	
经　　销：新华书店	
购书热线：010－63077122	中国新闻书店购书热线：010－63072012
照　　排：中联华文	
印　　刷：三河市华东印刷有限公司	

成品尺寸：170mm×240mm

印　　张：14	字　　数：165 千字
版　　次：2021 年 4 月第一版	印　　次：2021 年 4 月第一次印刷

书　　号：ISBN 978－7－5166－5549－8
定　　价：89.00 元

图书如有印装问题，请与印刷厂联系调换：010－89587322

前　言

农村土地承包经营权流转长期以来得到政府的支持。根据国家统计局公布的数据，到 2018 年年底我国家庭承包耕地流转面积超过了 5.3 亿亩，根据第三次全国农业普查结果，2016 年耕地规模化（南方省份50 亩以上、北方省份 100 亩以上）耕种面积占全部实际耕地耕种面积的比重为 28.6%，这些成果得益于农村土地承包经营权流转政策的实施。我国的农村土地承包经营权流转在刚刚改革开放之后不久的 1984 年就出现了，政府的政策也经历了"不反对"到"支持"的过程。政府之所以支持农村土地承包经营权流转主要是因为以下四个方面的原因：一是我国家庭经营规模小，且地块交叉分布，经营过程费时费力，规模报酬较低；二是与国际发达农业国相比，我国家庭经营规模过小，农产品生产成本高，没有国际竞争力，加入 WTO 后我国农业在国际竞争中面临较大挑战；三是适应现代农业发展的需要。现代农业的特点之一是规模化生产，我国也在积极发展现代农业，自然也要走规模化道路；四是提高耕地利用效率。我国有大量外出务工的农民工，一些耕地被粗放经营或者撂荒，土地未被充分利用，土地流转可以向种田大户或种田能手集中，有利于耕地利用效率的提高。

从全国看，农村土地承包经营权流转在全国各地差异也比较大。其中东南沿海地区经济发达，非农业就业充分，且人均耕地面积少，农业收入在家庭收入中所占比重低，农业生产不是家庭主业，因此流转率比较高。中西部地区非农就业机会在早年比较有限，农村剩余劳动力较多，只是在后来就业机会才多起来，最近十年随着中国出现刘易斯拐点，农民外出就业不再困难，农村劳动力能外出的基本都外出了，农村土地流转才发展起来，但是整个流转率比东南沿海要低一些。尤其是2006年全面取消农业税后，农业各种补贴与土地面积挂钩，这样导致一些农民因为担心土地流转后有可能导致失去农业补贴，因此不但不转出土地而且还要回以前转出的土地。随着所有权、承包权和经营权"三权分置"之后，明确了土地的长期承包年限，农民没有了后顾之忧，土地流转率又出现回升。东北和西北地区人均耕地面积大，一般一个家庭就可以形成一个小农场，在一定程度上已经形成了规模经营。农业经营收入在家庭收入占比比较高，所以经营承包地对于家庭收入来说是比较重要的，家庭劳动力倾向于留在农村经营，土地流转率比较低。

从产值上看，在改革开放之初的1978年第一产业增加值占当年国内生产总值的比例高达28.2%，经过41年的发展，2019年我国第一产业的增加值为70467亿元，只占到整个国民生产总值的7.1%，并且可以预见随着我国经济社会的发展，第一产业增加值占国内生产总值的比例会继续下降，因为发达国家这个比例在2%左右。从比例上看似乎越来越不重要，但事实上并非如此，因为"民以食为天"，虽然比例在降低，但是重要性却越来越重要。农民承包的耕地承担着为普通农民家庭提供家庭口粮、增加家庭收入、提供就业岗位、提供社会保障的功能。虽然农村耕地从增加收入的角度讲已经不占据重要地位，但是其承担地提供家庭口粮、就业和社会保障的功能不能简单地用收入的多少进行衡量。

从提供家庭口粮的角度看，农村家庭内的分工和季节性协调使得多数家庭能够在兼顾农业和非农业，我国每年生产 12000—13000 多亿斤粮食，大部分是由家庭或者家庭农场生产，只有很少一部分是由非家庭单位生产出来的。这表明我国农村家庭始终是粮食生产的主力军，结合我国的家庭土地承包经营制度可以确定我国将来在很长一段时间内我国粮食生产的主力军仍将是广大农村家庭。随着科学种植技术的发展，现有农村家庭的粮食生产绝大多数能够满足自给自足，并且将多余的粮食供应到市场上以满足城市人口粮食需求。从 2006 年我国彻底废除农业税实施农业补贴政策以后，每年的粮食产量逐年增加且维持在较高产量。再加上我国实施粮食储备制度后，市场上的粮食价格基本上都在很小的范围内波动。这表明我国以家庭为基础的粮食生产制度体系是可以满足经济社会发展需要。

从提供就业岗位看，农村耕种家庭承包土地的主要是农村老人、妇女和儿童，从社会发展趋势看主要是为老年人提供就业机会。以前曾经戏称在农村从事农业生产的是"38、61、99"部队即妇女、儿童、老人。从发展趋势看，妇女也外出务工，儿童外出就学，农村将来真正留下来的主要是老人，因为在中国出现刘易斯拐点之前，存在大量的农村剩余劳动力，但是随着我国的经济发展，城市已经出现劳动力不足的现象，有力的证据来源于笔者 2020 年考察了一些服务性的职业，比如餐馆、酒店、零售、装修、保安等行业的服务人员已经不再都是年轻人，而是中老年人占有相当大的比例，另一个证据就是服务行业工人工资的水平较以前有了很大提高。这些证据表明我国的劳动力就业市场已经成为卖方市场，妇女的就业机会明显增多，所以农村的妇女留下来的也越来越少。随着人口迁移和生育政策的影响，农村的学龄儿童正在减少，农村教学点也在减少。农村的学生也越来越多的离开农村到乡镇中心学校或县城学校就读，这样农村剩余的主要是老人。老人在城镇就业比较困难，且农村老人60岁之后发放的养老金处于低水平，无法支持其生活需要。而农村农业劳动相对比较简单且在农忙的时候可以借助农业机械完成，所以农村的老人仍然可以从事农业劳动解决养老金不足问题。

从承包地承担社会保障的角度看。农村的承包地主要承担着农村老人养老的功能，农村老人因为体力原因而留在农村生活，其养老问题自然也在农村解决。在农村，一般情况下60岁以上的老人每个月的养老金只有100多元（各地有差异），一年只有1200元左右，另外各种农业补贴每亩也有100元左右，一个家庭往往有5亩耕地左右（按平均值），这样一年的农业补贴有500元左右，合计可以从政府领到1700元左右。这些钱看起来非常少，根本不够支付一年的基本生活费，但是农村老人的生活主要是自给自足性质的，基本上食品支出靠自己生产，多余的粮食或者蔬菜可以在市场上出售，获得相应的收入。收入不足以养老的部分农村老人也可以从子女那里获得相应的转移收入。可见农村老人的养老问题很大程度上还需要依靠农村承包耕地。

党的十九大将乡村振兴定为国家战略之一，其背景就是根据我国的城镇化进程判断农村和农民还将长期存在。要想让我国的城镇化发展到发达国家水平是一个长期的过程，2019 年我国城镇化率将首次突破 60%，这几年我国的城镇化率整体上以每年 1% 以上提高，如果要提高到 80% 的水平（根据边际递减规律，将来城镇化率每年提高将低于 1%），至少要 20 年的时间，并且可以肯定到那个时候，中国的农业、农民和农村都是存在的，且中国的人口基数大，就算有 20% 的人口在农村生活，农村人口总量仍然将近 3 个亿。中央的判断无疑是正确的，中国的"三农"问题是需要长时间的努力才能够解决，绝不是短期内就可以解决。长期以来，一部分人赞成大力发展城市，推进城镇化的提高，这些初衷是好的，也取得了非常好的成效，但是中国是一个大国且是一个农业大国，一下子从农村人口占 80% 的农业大国变成一个城镇人口占 80% 的发达国家显然不是一期一夕能够完成的。虽然 2019 年整体城镇化率突破 60%，但是从户口的角度看，户籍的城镇化率才达到 44%，两者相差 16 个百分点，全国人户分离的人口 2.8 亿人，其中流动人口 2.36 亿人。

可以预见，未来即使我国的城镇化率到达 80% 以上，仍然会存在大量的城乡流动人口，他们与城市、农村都有紧密的联系。证据来自这些年来渐渐地出现了一个新的现象：反向春运。以往是每到春节的时候，大量外出务工的农民工从城市回农村过年，但是现在除了农民工返乡过年外还有一部分农村人在春节时到城市过春节。这表明越来越多的农村人口在城镇站稳了脚跟，春节不再是单一的返乡，与之伴随的还有进城，年轻人在城市安了家，生活条件好，春节时由于工作、学习、交通等各种原因，不再返乡而是将家里老人接到城里过春节，这样一部分家庭的老人进城过年成为一种新动向。随着越来越多的农村家庭到城镇安家，越来越多的家庭拥有小汽车，人口在城乡之间的双向流动将越来越常见，越来越频繁。

正是由于以上原因决定了我国农村土地承包经营权流转的复杂性和长期性。如果农村土地承包经营权不流转将难以提高耕地利用效率，难以实现规模经营，难以实现农业现代化，甚至难以保证我国的粮食安全。如果农村土地承包经营权流转推行的过急、过快就会出现各种偏差，危害广大普通农民的利益，不但影响他们的家庭收入，而且还影响他们的就业、养老甚至生存。我们的党总是能够在不同的历史时期，根据我国农村土地承包经营权流转的实际情况做出英明的决策，及时纠正个别地方存在的不当做法，保证农村土地承包经营权流转合理发展。

本书的写作目的是对我国的农村土地承包经营权流转各种模式进行全面、深入、系统的研究，以期为未来政府制定农村土地承包经营权流转提供参考。书中对农村土地承包经营权流转的政策变迁、流转模式类型及做法、不同流转模式的动因及农民的意愿、流转的土地规模适度问题都进行详细分析，但写作过程中由于笔者能力和条件有限，难免存在瑕疵，欢迎同行批评指正。

序　言

农村土地经营权流转是一种诱致性制度变迁，是对家庭联产承包责任制的有益补充，农村土地承包经营权流转从理论上分析可以提高土地利用效率，可以增加农民收入或减少损失，可以促进现代农业发展。现实中，农村土地承包经营权流转要复杂得多。从我国实行家庭联产承包责任制以来，土地流转政策经历了四个阶段，全国各地也出现了十三种土地流转模式，每一种流转模式的做法都有一定的区别。本书对我国改革开放以来农村土地承包经营权流转政策的演变进行了梳理，对十三种土地流转模式的定义、代表性做法和存在的问题进行了总结。并根据实际调查的数据和收集的二手资料对土地不同流转模式的动因、农民的意愿、流转的适度规模进行了分析。经过全文的分析形成如下结论：

第一，农村土地承包经营权稳定是土地流转的前提条件。我国农村土地承包经营权流转政策经历了从禁止流转到允许一定模式的流转，是一个逐渐变化的过程。先后经历了禁止土地流转阶段、土地流转自发形成阶段、法律允许阶段和新农业政策实施阶段。目前我国土地流转政策已经比较完善和具有可操作性，为农村土地承包经营权流转提供了指导和规范。农村土地经营权流转政策是一个从简单到复杂的演变过程，法律制度日益完善。同时也可以看出在第一轮与第二轮土地承包期更迭时期对土地流转的影响带来了不稳定因素。这表明土地流转能够顺利进行的一个前提条件是土地承包经营权稳定。

第二，我国农村土地承包经营权流转有多种方式、做法，总体比较复杂。虽然我国法律法规中规定的农村土地承包经营权流转模式只有转包、转让、出租、互换、入股五种基本模式，对于别的模式统一概括为"其他模式"，但是根据现实中存在模式的做法可以分为十三种模式：转让、转包、互换、出租、入股、代耕、拍卖、土地信托、反租倒包、继承、"双放弃，三保障"、"土地换社保，宅基地换住房"、"两分两换"模式。这十三种土地流转模式不同，总的来说土地流转提高了耕地利用效率，产生了大量的家庭农场，在一定程度上提高了农业生产的规模化水平，有良好的社会效益，但是也产生了土地非农化、非粮化、农户利益受损等不良影响。

第三，农地质量、农业生产方式、交易费用是影响农地流转的基本因素，也是分析土地流转动因的前提。十三种土地流转模式对土地质量要求方面，转让、拍卖、继承、"双放弃，三保障"、"土地换社保，宅基地换住房"和"两分两换"六种模式对土地质量并没有明显要求。互换模式要求土地质量差别不大，否则无法达成交易。转包、出租、入股、代耕、土地信托、反租倒包六种模式对土地质量要求较高。在生产方式方面，转让、转包、互换、代耕、继承五种模式土地流转后仍然是传统的生产模式。出租、入股、土地信托、"双放弃，三保障"、"土地换社保，宅基地换住房"和"两分两换"六种模式土地流转后就很可能变为现代生产方式。拍卖和反租倒包两种土地流转后是否改变生产方式并不确定。交易费用方面，转让、转包、互换、出租、代耕、继承、拍卖七种土地流转模式的交易费用较小，入股、土地信托、反租倒包、"双放弃，三保障"、"土地换社保，宅基地换住房"和"两分两换"六种土地流转模式中交易费用较大。

第四，十三种模式中的剩余控制权都属于转入方所有，采用现代生产方式的模式剩余控制权比采用传统生产模式情况下要大。具体来说，转让、转包、互换和继承四种模式的剩余控制权归转入农户，出租和入股两种模式剩余控制权归转入方，在出租中转入方可以是农户也可以是农业企业，入股模式中转入方可以是农业合作社也可以是农业企业。代耕模式中剩余控制权的归属根据协议可能是转入方或转入方中的一方也可能是双方共享。土地信托、反租倒包和拍卖三种模式中剩余控制权归转入土地的企业和充当中介的土地信托公司（反租倒包和拍卖模式中是集体经济组织）。"双放弃，三保障"、"土地换社保，宅基地换住房"和"两分两换"三种土地流转模式，宅基地升值的剩余控制权归集体经济组织（村或乡镇），土地流转的剩余控制权归转入的企业和集体经济组织。在剩余控制权大小方面，十三种模式中采用传统生产方式的转让、转包、互换、代耕、继承五种模式比较小，采用现代生产方式的出租、入股、土地信托、"双放弃，三保障"、"土地换社保，宅基地换住房"和"两分两换"六种模式剩余控制权比较大。而拍卖和反租倒包两种模式因为生产方式不确定，因此剩余控制权大小也不确定。

第五，十三种模式中的剩余索取权分别属于不同的参与者，大小方面基本和剩余控制权一致。在剩余索取权归属方面，转让和继承两种模式是一次性的交易，因此转入方单独享有剩余索取权。互换是一次性交易且双方没有关系，因此不存在剩余索取权。其他模式的剩余索取权都分别给不同的参与主体占有，具体来说就是被转入者（农户、企业或个人）和转出农户以及中介组织（信托公司、集体经济组织）所有。拍卖模式中剩余索取权归全体成员所有，但不容易实现。在剩余索取权大小方面，除了互换模式没有剩余索取权外，其他与剩余控制权大小一致。

第六，基层政府、企业、种植大户等比普通农户有更大的动力推动土地流转。由于农户在各种土地流转模式中土地面积较小，每一农户都不可能从土地流转中得到很多的收益，但是在采用现代生产方式的几种土地流转模式中，实行的是土地联片流转，由于积少成多的效果，转入土地的企业从中获得了较多收益。政府和村集体因为一方面本身在有的土地流转中可以收益，有的是为了将推进土地流转作为一种政绩。因此政府、企业、种植大户等是收益较大的主体，与普通农户相比政府、企业、种植大户等具有更大的动力推动土地流转。

第七，只要支付的价格足够高，大多数农户愿意将自己的土地流转出去。从土地流转意愿的角度看，无论是理论分析还是实证研究多表明土地对农户的效用主要体现在确保粮食安全、维持就业、增加收入和预防偶发灾害等方面。但是农户也面临着经营土地的成本和务农比较利益低下的问题。面对这种现实，大多数农户愿意在比较高的流转价格下将土地流转，因为高价格可以弥补转出土地带来的利益减少。要想解决土地流转问题，最现实、最直接、最有效的就是解决流转价格问题。

第八，对土地流转期望价格的影响因素是多方面的。促使转出农户较高期望价格的因素是良好的土地质量、较大的土地总面积、种植非粮食作物、有条件进行灌溉、毗邻主要交通要道等。促使转出农户较低期望价格的因素是较高的务工人员占家庭劳动力的比例、主要种植粮食作物、无灌溉设备条件等基础设施、不毗邻主要交通要道等。这意味着在外出务工较多、主要种植粮食作物、农业基础设施较差的地区和不毗邻主要交通要道的地块推进土地流转相对比较容易，其根本原因在于在这些地方，依靠土地获得的收入相对较少。事实上，这些土地应该是土地流转的重点，因为从土地利用效率的方面讲，这些土地的效率潜能还没有完全发挥出来，需要通过土地流转来达到资源的优化配置。

第九，我国土地流转将来会有大的发展。我国的农村土地承包经营权流转是需要一个渐进的过程，虽然在足够高的流转价格下，农户大多愿意流转土地，但现实中是无法实现足够高的价格。从人口的代际交替发展趋势看，全国的土地流转可能在将来普遍遇到愿意经营土地的人减少的情况，随着流转土地的人越来越多，到那时全国一定规模的农场就会渐渐的增多。今后新生代农民工与老一代农民交替时可能是土地流转的高峰期，到时大部分家庭大龄农民已经无力耕种，新生代农民工又不愿意耕种土地，且到时新生代农民工养老对耕地的依赖将减弱，土地流转的各种社会服务机构也日渐成熟，农村土地承包经营权的流转比例将越来越高。

第十，我国土地流转不能操之过急。正如知名学者陈锡文所指出的按平均一个家庭经营100亩计算，我国只需要1800万户就够了。农业普查显示我国有农户近2亿户，这样需要转移出去的比例为90%以上。如果仅仅考虑农村土地承包经营权流转而不考虑就业、收入是不现实的，目前，在中国发展规模经营，规模太大脱离中国实际，规模太小导致农民收入少，种地意愿下降，农产品没有竞争力。因此推动农村土地承包经营权流转既不能强行推进，也不能限制，而是要根据各地情况因地制宜的发展，既要积极鼓励，也要与非农就业机会、农村劳动力转移规模、农业社会化服务水平相适应，各地地方不搞"一刀切"。

根据以上结论，提出如下政策建议：

第一，将土地承包经营权长久不变上升到法律高度。农村土地承包经营权流转能够顺利进行的一个重要的前提是承包经营权稳定。土地流转时正是土地使用权的流转，如果承包经营权不稳定，土地流转就要受到影响，这已经为以前的土地承包期轮换时所证实。党的十九大提出，保持土地承包关系稳定并长久不变，第二轮土地承包到期后再延长三十年。2019年《中共中央　国务院关于保持土地承包关系稳定并长久不变的意见》进一步明确，但是应该将其从政策意见上升到法律的高度，刚开始可以先在条例、规章中加以规定，待完善后上升到法律高度，比如在《土地承包法》中加以明确。这样，土地的承包关系就非常稳定，作为土地流转的转入和转出双方都会有一个稳定的心理预期，减少政策风险为土地流转创造良好条件。

第二，我国农村土地承包经营权流转要因地制宜，不能为流转而流转。土地流转有转让、转包、互换、出租、入股、代耕、拍卖、土地信托、反租倒包、继承、"双放弃，三保障"、"土地换社保，宅基地换住房"、"两分两换"十三种土地流转模式，每一种模式中的做法都有区别，并且出现在不同的地方，甚至在有的同一模式中，不同地方的做法也会有细节上的不同，这说明土地流转是非常复杂的，必须结合不同的地方因地制宜地进行，不能一刀切。基层政府应结合当地的实际情况，根据当地的社会、经济发展状况，根据当地发展的规划合理地引导土地流转，做到土地流转能够起到转变农业生产方式，能够增加农民收入，能够充分尊重农民意愿。政府在指导土地流转时要做到坚持中央提出的"三不"原则，即"不改变集体所有土地的性质，不改变土地的农业用途，不损害农民的合法利益"。

第三，加强农田水利基础设施建设，提高农地质量。农地质量是影响农地流转的重要因素。从粮食安全的角度分析，无论农地由谁来经营，只要农地被充分利用都不会影响粮食安全，因此政府无须管制。另外，需要指出的是政府在加强农田水利建设提高农地质量时，不一定是为了满足种植业的要求，比如土地质量不好虽然影响种植业效益，但不会影响养殖业或者有些特色种养业的效益，因此可以尝试改变生产结构和生产方式。

第四，提倡以现代生产方式为目的的土地流转。农业生产方式也是影响农地流转的重要因素。现代农业生产方式有较高的经济效益和较好的社会效益，也是我国农业发展的大趋势，但是受资金和技术的制约，借助于农地流转实现农业生产方式的转变也不可能大面积实现。但是这种趋势是我国农业未来发展的方向，政府可以考虑制定相应的政策进行鼓励和引导，尤其是引导东南沿海的资金和技术逐步向中西部地区转移，加大改造传统农业的力度，积极推广先进的农业技术和农业良种、良法，在地方财政资金允许的情况下，通过补贴提高以改变农业生产方式为目的的流转发生率，从而逐步实现现代农业。

第五，从维护土地流转农户的利益出发，重点规范地方基层政府、村集体和相关企业的行为。鉴于有的模式中农户利益受损，因此在流转模式选择上，尽量推行剩余控制权在农户手中的模式。鉴于转让、转包、互换、继承、出租和入股六种模式中转入方和转出方基本上是平等的主体，因此从维护农户利益的角度出发应该提倡这些方式的流转。在其他流转模式中尤其是在有政府、村集体、企业参与的流转模式中，这些主体有比农户有更大的动力推动土地流转，但这些主体与农户相比，在利益博弈中处于有利地位，从维护土地流转农户利益的角度出发关键是规范地方基层政府、村集体和相关企业的行为。

第六，加强政府参与的土地流转模式中土地用途管制。出租、入股、土地信托、"双放弃，三保障"、"土地换社保，宅基地换住房"和"两分两换"六种模式土地流转后就很可能变为现代生产方式。改变生产方式的这几种流转模式，这些模式中是比较容易改变土地用途，出现土地"非粮化"或"非农化"。土地"非粮化"或"非农化"带来的消极影响是显而易见的，中央也比较关注，如果说地"非粮化"对粮食安全带来的影响是正面还是负面不确定，而"非农化"给粮食安全带来的威胁是确定无疑的。鉴于我国人多地少的国情和利用国际市场解决粮食安全的空间有限，必须对土地流转的农业用途进行严格管制。并且管制的重点放在有企业、基础政府或村集体参与的流转模式上。

第七，如果政府要加快土地流转并尊重农户意愿就要对农户进行补贴。土地流转给转入者和转出者带来的效用不一致是引起土地流转无法达成交易的主要原因。转出者关心的是土地带来的确保粮食安全、增加收入、维持就业和社会保障四个方面的效用，而转入者只关心土地的增加收入效用，这必然导致转出意愿价格平均值远高于转入意愿价格平均值，进而导致无法达成土地流转交易。地方政府要想促进土地快速流转，就必须用补贴的方式弥补转出户和转入户意愿价格之间的落差，促成交易达成。

第八，对土地流转期望价格的影响因素有多个方面，土地流转率不会突然提高，要逐步推进。我国人口众多，地域宽广，不同地方的经济发展水平不同，不同农户家庭的情况不同，因此影响土地流转价格的各种因素是多个方面的。有一些农户不愿意流转土地的原因是因为现在农村务农的人有相当一部分为老人，他们无法在社会上找到非农就业岗位，尤其是年龄超过60岁以后的老人外出务工也没有工作的机会。但是这些人仍然有劳动能力可以务农，这也是别无选择，在农村没有退休制度，农民基本上都是活到老干到老。在这种家庭中，农业收入几乎是全部的家庭收入，这些老年人视土地如生命，如果土地流转出去也就失去了仅有的收入来源，因此无论如何都不愿意流转土地。我国何时能够建立起完善的农村社会保障体系，使农民也能够和城镇居民一样退休，并且退休后有稳定的社会保障和收入来源，那时土地流转将会顺利。

第九，重视社会协调发展，逐步推进土地流转。从我国农业发展的长期趋势看通过土地流转实现规模经营是发展现代农业的必由之路，但这是一个长期的过程，可能几十年也可能几百年，无论其时间有多久都需要满足社会协调发展的要求。目前，土地流转和规模经营的主要困难不是别的问题，而是无法解决大量农户的转移就业问题。政府需要在规模经营方面具有足够的耐心，但也不是无能为力。一方面政府可以采取措施，大力发展二、三产业，提供更多高质量的就业岗位，吸引农户转移就业，如果农户就业问题解决了，土地规模经营问题自然就解决了；

另一方面政府可以通过补贴中小家庭农场的方式，提高土地转入价格，发挥市场规律的作用，引导农户自愿流转土地。不希望家庭农场的经营规模过大，但同时家庭农场的经营规模也不能过小。

第十，从转入方进行有区别补贴。笔者调查表明只要转入方支付的价格比较高，大部分农户是愿意流转土地的。目前有一部分农户不愿意流转土地是因为担心土地流转出去收不回或丧失领取各种补贴的资格。目前的种粮补贴实际上被均分，没有起到促进粮食生产的作用。我国大多数家庭农场土地经营规模偏小，因此新增加的补贴应按照不同规模区间分别执行不同的补贴标准，重点补贴经营规模在50—150亩的中小型家庭农场，目的是降低其土地转入成本，让他们发展成适度规模的家庭农场，对于不同经营主体经营面积中超过300亩以上的部分不进行补贴，目的是减少超大规模经营主体的出现。具体的补贴标准除了中央安排一定资金外，地方政府也可以根据当地土地流转的实际情况给予补贴，目的是保证家庭农场有合理的收入和利润。

第十一，建立符合土地转让条件人口的承包权永久退出机制。转让是推进土地适度规模经营比较彻底的形式。目前在城市有稳定职业或者收入的人口中有一部分已经是非农业户口，但原来的土地承包经营权仍然没有转让，尤其在第二轮土地承包中推行"增人不增地，减人不减地"和农业补贴政策实施之后，这部分人更不愿意转让土地。从农村转移出去的农业人口和非农业人口中有一部分有稳定工作，其家庭成员以及后代都不会再回到农村生活，对于这些人的承包经营权要进行清理，减少长期低效率使用农村土地资源。以目前进行的土地确权为契机，对政府公职人员和事业单位职工以及国有企业职工进行农村土地承包权永久性清理，当然清理也要制定相关的政策给予合理补偿，保障其利益不受损失。补偿的经费来源按照谁受益谁支付的原则，可以是转入方支付也可以是作为发包方的基层政府或村集体支付并收回土地。要对符合土地承包权永久性退出条件的人口进行定期清理，有利于农业适度规模的形成。

第十二，完善土地信托，培育土地流转市场。土地信托或土地银行是典型的市场运作模式，由于农村土地的经营权不同于一般的商品，也不同于一般的不动产，在土地信托中有其特殊的地方。政府可以出台相应的政策给予一定的资金支持以减少土地信托机构的风险。对于一些由地方基层政府主导成立的土地流转信托公司，也要规范其行为，不能违背农民意愿流转土地。要防止少数基层干部私相授受，牟取私利。严禁通过定任务、下指标或将流转面积、流转比例纳入绩效考核等方式推动土地流转。

目　录
CONTENTS

第1章

导　论

1.1　研究的背景与意义

农村土地承包经营权流转是一种诱致性制度变迁，是对家庭联产承包责任制的有益补充，是适应农村经济、社会变化的必然。自改革开放以来，我国政府对土地承包经营权的流转支持力度越来越大，创造的条件越来越好，允许的流转模式也越来越多。各级政府积极支持土地流转主要有以下三个方面的原因：

一是农村土地承包经营权流转可以提高土地利用效率。土地本质上是一种生产要素，根据经济学理论，生产要素的自由流动是资源配置优化的前提条件。土地要素不同于普通商品，不可以运输、流通，只能是权利的流转。我国实行的是土地所有权国家或集体所有制度，因此所有权不可能流转。2014年12月中央《关于引导农村土地经营权有序流转发展农业适度规模经营的意见》提出"三权分置"，2016年的《关于完善农村土地所有权承包权经营权分置办法的意见》要求落实集体所有权，稳定农户承包权，放活土地经营权。这些都表明农村土地承包经营权流转是土地资源流动的有效形式。一般认为，农村土地承包经营权流转可以提高土地利用效率，这种效率的提高源于土地、劳动、资本、技术等要素的优化配置和规模报酬两个方面。由于我国人多地少，人均耕地面积狭小，有一部分农户土地不能满足耕种的需要，也有一部分农户虽然在承包耕地的初期人地数量相互匹配，但是随着劳动生产率的提高和农业科技进步，同样数量的农业劳动力有能力经营更多的耕地。因此一些农户出现了耕地不够经营的情况，与此同时，改革开放以来，我国的工业化和城市化水平有了大幅的提高，城镇化率由 1978 年的17.92% 提高到 2019 年的 60.60%。2019 年大约有 2.91 亿农村劳动力外出务工，一些农民已经不能完全顾及经营承包的土地，造成部分土地粗放经营。由于农业比较效益低下，也有一部分外出务工者将土地撂荒。如果不通过农村土地承包经营权流转，一方面会导致计划扩大生产规模的经营者无法获得更多土地；另一方面，不想耕种或无能力耕种的农村土地承包者得不到理想的收益，造成机会成本增加。由此可见，农村土地承包经营权流转是顺应社会发展趋势的产物，有利于土地利用效力的提高。

第二，农村土地承包经营权流转可以增加农民收入或减少损失。改革开放以来，随着整个国民经济结构的调整，根据公开数据 1978 年第一产业在 GDP 中的占比高达 28.2%，第二产业在 GDP 中的占比为47.9%，第三产业在 GDP 中的占比为 23.9%。根据国家统计局发布的2019 年国民经济和社会发展统计公报，2019 年第一产业在 GDP 中的比重为 7.1% ，第二产业在 GDP 中的比重为 39.0% ，第三产业在 GDP 中的比重为 53.9% 。近年来农民收入的来源也在不断地发生变化，多元化趋势日益明显。与之相对应的是农业收入尤其是农村土地经营收入在农民整个收入中的比例不断下降，虽然比例有所下降，但仍然是农民收入中的重要组成部分，这在我国中西部地区更是如此。通常在农民自愿的情况下，农村土地流转往往会增加转入户的收入，同时也会减少转出户的损失。从我国 2003 年以来，中央实施了一系列惠农政策，在这些政策的综合作用下，种地有一定的利润，因此转入的农户或其他组织因为扩大的经营规模，可以增加一部分收入。转出农村土地承包经营权的农户也可以多多少少获得一些收益，这些收益可以弥补或部分弥补因放弃自己经营土地的损失。因此，从增加收入的角度考虑，农村土地承包经营权流转对转入、转出户都是有利的。

第三，农村土地承包经营权流转可以促进现代农业发展。现代农业是相对于传统农业来说的，现代农业与传统农业重要的区别在于现代农业更多是依靠技术和资金的投入，是资本密集型、优质、高效、规模化的农业。我国大部分地区的农业生产方式仍然是传统农业生产方式，这是因为大部分农户没有资金、技术来改造传统农业，同时也是因为大部分农户承包的农村土地规模小且细碎化严重，无法进行大规模的生产。多数农户经营农村土地主要是为了解决口粮问题。在农村推动经营权流转的过程，有一些地方探索出了一些适合发展现代农业的模式，并且在一定程度上取得了成功，比如有的地方实施"反租倒包"取得了成功，有的地方实行"股份制"取得了成功，还有一些其他的模式也在不断地探索中。其中有些流转模式确实在一定程度上实现了土地适度规模经营，采用了比较先进的耕作技术，促进了现代农业的发展。

但事实上我国农村土地承包经营权流转率较低。从经济学理论和生产效率的角度分析，我国的农村土地承包经营权流转政策是一种制度创新，应该有很强的活力和社会影响，现实中农村土地承包经营权流转应该快速进展并有不断扩大之势。但是事实上，农村土地承包经营权流转要复杂得多。根据农业农村部公开的数据，截至 2018 年年底，全国有 5.39 亿亩耕地在不同主体间进行流转，农业农村部发布《2019 年全国耕地质量等级情况公报》显示我国有 20.23 亿亩耕地，由此可以推算出全国农村承包土地流转率大概为 26.64%，可见农村土地流转率并不像想象的那么高，且近些年有徘徊不前的趋势。我国的农村土地承包经营权流转率在不同地方有很大差异，总体上东南沿海的流转率要高于中西部地区，并且各地的流转模式也有较大差异。理论与现实之间为何有差异，引起这些差异的原因又是什么，地区之间差异的原因是什么，不同流转模式在什么条件下能够进行。这一系列的问题都是需要回答的，把这些问题研究清楚，有利于政府制定相应的政策完善我国农村土地经营权流转制度。

学术界对农村土地经营权流转有较多的不同看法。关于农村土地经营权流转的研究已经有了比较多的成果。但是在这些成果里面，不乏相反的观点，比如有的支持"反租倒包"和"股份合作制"，有的则不看好。有的对重庆和成都的一系列农村土地经营权流转做法大力支持（北京大学国家发展研究院综合课题组，2012），给予了较好的评价，而有的则认为是强迫农民上楼，这样是对农民权益的侵犯，不宜提倡，诸如此类的观点还有不少。为什么不同的研究的看法会有这么大的差异？究其原因就在于农村土地承包经营权流转有多种模式，每一种模式产生的原因、条件和参与的主体、做法都有一定的差异，同是一种流转模式，在有的地方能够取得成功，但是在其他的地方则可能失败。这些研究需要对每一种流转模式进行有区别的分析。

鉴于此，对于该问题的研究具有理论意义和现实意义。理论意义在于对现有的各种农村土地经营权流转的动因和机制进行分析，从理论上对不同流转模式进行解释，深化对农村土地承包经营权流转的理论认识。现实意义在于不同的农村土地承包经营权流转模式都是在现实中发生存在的。通过研究分析可以对每一种流转模式发生的条件、结果及其存在的问题进行分析，以便探索出在什么条件下应当提倡哪种模式，为政府完善农村土地承包经营权流转政策提供依据。

1.2　国内外研究现状与评述

关于农村土地承包经营权流转的研究比较多。从研究角度来看，大部分是从经济学、社会学、思想政治学和法学三个角度进行分析，根据从知网的核心期刊上近年来所发表论文的情况，其中从经济学角度研究的占绝大部分，从社会学角度研究的也占一定比例，从法学角度进行研究的占较少，从思想政治角度的研究的也较少，剩余的还有从资源、环境等方面进行研究。由于从经济学角度研究是重点，在此主要对从经济学角度进行研究的成果进行综述。在从经济学角度研究的众多成果中，有不少是从比较宏观的角度研究该问题的，比如从现状、问题、对策方面进行分析的。在这些方面,不同作者虽然选取的样本、地域不同,但形成了较为一致的观点。也有不少学者是从专题的角度进行分析的,如产权、金融、政府、农户的视角进行研究,也都得出了一些有价值的结论,对这些研究的情况综述如下:

1.2.1 我国农村土地流转主要特点

纵观现有研究,我国土地承包经营权呈如下特点:

(1)农村土地承包经营权流转规模不断加大。在较早的研究中发现全国流转率较低,如张红宇指出多年来由于各种原因,农村土地使用权流转在实践中的发生率一直在5%左右徘徊,没有大的进展(张红宇,2005)。但是随后几年的研究文献中所出现的流转率数据普遍高于以前研究中所给出的流转率。如2007年,全国农村土地承包经营权流转率为5.2%,2008年,流转率已经达到了8.7%(高青,2010)。2015年农业部统计,截至2015年年底,2.3亿农户中大概有6800万户全部或部分转出土地承包经营权,占到全国农户比例的近30%,流转土地面积达到4.3亿亩(陈锡文,2017)。王佳月、李秀彬、辛良杰(2018)通过研究认为2007—2015年,我国土地流转率从5.2%提高至33.3%。较权威的数据可能是农业农村部2018年年底统计调查的数据,农村承包经营土地流转率已经达到26.64%,其他的一些数据大部分是以个案来说明问题,数据出入也比较大,不宜作为宏观上的参考。但无论这些数据的准确性如何,但几乎所有的文献都同意总体上我国农村土地承包经营权流转率的趋势是不断提高的这一说法。

(2)农村土地承包经营权流转模式日趋多样化。刚开始我国农村

6

土地承包经营权流转的模式比较简单，主要是转让、互换、代耕、转包等简单的形式，但现在已经发展了许多新的模式。在我国相关法律法规中也可以看到新出现出租、股份合作制等模式。在 2007—2015 年间，重庆、成都、江苏、山东、广东等地方发展创新了不少新的模式，这些模式与以前简单的模式不同，具有很好的研究意义。从前期所有相关研究看，农村土地承包经营权流转的模式多达十几种，远远超出相关法律中所列举的转包、互换、转让、出租、入股五种形式。法律规定中把剩余模式统称为其他模式，相关法律之所以这样规定原因在于一方面上述五种模式具有较强的代表性，其他的一些模式只是在个别地方采用，也有的是新出现的，立法的时候还不存在。但总体上可以看出我国农村土地承包经营权流转模式是在不断的创新中变的多元。在各种流转模式的结构比例方面，从全国的角度看，转包所占的比例最大，其次是互换与出租，转让和入股。但对于各个不同地方的具体情况，这种比例排序会有差异。

（3）土地承包经营权流转区域性差异较大，东南沿海流转率高于中西部地区。我国幅员辽阔，经济发展水平差异也较大，东南沿海一带经济发达，农业经营收入在整个收入中所占的比重较低，农民对土地的依赖程度明显低于中西部地区。因此从现有的研究来看，东南沿海土地流转率明显高于中西部地区。2007 年浙江省土地流转率已经达到 23.5%，而中西部地区基本在 10% 以下（易小燕等，2010）。2008 年，东南沿海省份土地面积流转率高于全国 8.7% 的平均水平，其中广东省为 14.2%，浙江省为 25.4%，福建省为 10.2%。（黄丽萍，2009）。公开数据显示，2015 年年底安徽省承包地流转率高达 46.8%，河南省承包地流转率为34.8%，吉林省承包地流转率为27%，福建省承包地流转率超过30%（王亚辉、李秀彬等，2018），省份之间的承包地流转率差异高达近20个百分点。就算在一个省、市、县等较小的范围内，土地流转情况的差异也可能较大，大体上是经济发达的地方土地流转率要高一些。同样是浙江省，2008年松阳县、金华市金东区、慈溪市土地流转率分别为12%、21%和58%。同样是河北省，衡水市桃城区、玉田县和栾城县土地流转率分别为2.04%、4.9%和8.7%（卞琦娟等，2011）。（4）农村土地承包经营权流转平台增多，主体多元。为了推动农村土地经营权顺利流转，一些地方政府建立了一些土地流转信息平台，发布土地转入、转出信息，有的地方政府还专门成立了促进土地流转的机构及支持资金，也有一些土地流转中介公司通过网络提供土地流转信息，为土地流转提供一系列的服务。这与以前农户之间依靠社会关系网络进行信息搜寻有了很大的改变。与以前流转主体仅仅是农户不同，目前参与土地流转的主体也呈现出多元化。农业合作社、农村集体经济组织、涉农企业、土地流转中介公司、基层政府也参与进来，使得土地流转主体变得比以前多元，机会也明显增多。2019年7月农业农村部政策与改革司对鼓励和支持工商资本下乡参与乡村振兴的建议中披露的数据显示，全国有23个省就加强工商业资本租赁农地监管出台了相关政策文件，全国有两万多个承包土地流转服务中心，流转合同率达70.33%。

1.2.2　我国农村土地经营权流转存在的问题

已有的研究表明，我国农村土地承包经营权流转存在如下问题：

（1）农村土地流转结果在一定程度上导致了土地用途的非农化和非粮化。一些地方土地连片流转后，尤其是转给一些企业的时候，一些地方规定企业可以将土地的一定比例用作建设管理用房，这些管理用地被建设成农家乐、会议中心、循环经济产业园、生态农业示范园、现代农业示范园、农业科技博览园等，从事休闲娱乐等活动（赵丙奇，2011）。实际上这些建设土地慢慢地就会改变其农业用途，出现非农化，究其原因是因为地方政府有一定的自由裁量权（李学文、张蔚文等，2020）。由于粮食生产比较利益低下，土地流转成本过高，不少转入方为了获得较高利润，往往倾向于改变种植结构，将转入的耕地用来生产经济作物或水果蔬菜等，不再生产粮食，出现了非粮化（蔡瑞林、陈万明等，2015）。

（2）农村土地经营权流转随意性大，不规范。不少研究中都指出农村土地承包经营权流转过程中存在自发流转、私下流转，主要是口头协议，没有正规的签订合同。有一些虽然签订了合同，内容简单，双方的权力义务等规定不清楚（公茂刚、王学真等，2019）。我国虽然有相关法律法规对农村土地承包经营权流转做了相关规定，但是由于对于流转的主体范围、流转具体程序、流转管理等缺乏具体规定，导致土地流转不规范。这种不规范主要存在于农户之间自发的流转，通过中介组织进行流转的通常较为规范。

（3）农村土地经营权流转的市场机制尚未形成。土地是一种不动产，无法在空间上自由流通，不能像正常动产样自由流动自发形成市场。不动产交易市场主要依赖供求信息的撮合。由于我国农村土地承包经营权归分散的农户所有，转入和转出信息分散于不同农户，没有一个市场信息与价格形成机制，供求关系的形成没有充分体现市场规律。一些交易的形成仍然是一种偶然的或亲朋好友之间的关系在发挥作用。一些有基层政府参与的农村土地承包经营权流转依靠的是行政手段，具体流转的价格形成也不是通过市场形成或科学的估算（郜亮亮，2020）。

（4）一些在行政主导下的流转模式，农民利益被损害。由于我国农村土地根据相关法律规定归集体所有，但集体所有是个笼统的概念，给农民土地承包经营权受损创造了条件，不同层级的基层政府都有可能参与到土地流转中。由于政府也具有理性经济人的特性，他们也想从土地流转中谋利，结果农民的利益保护不足。虽然我国相关法律对于农民利益的保护做了明确规定，但是由于具体监督成本太高或无法监督，普通农民在与政府、企业等社会组织博弈的过程中处于弱势地位，利益受损时有发生（李坤、唐琳等，2019）。

（5）土地的社会保障和就业功能虽然弱化，对于大部分家庭来说仍然重要，在一些地方土地的财产价值日益显现，土地流转普遍存在（贺苏园、桂华，2017）。对于农民来说，土地除了提供收入还有社会保障和就业的功能。虽然我国现在的社会保障体系已经初步建立，农民外出务工的机会增多。但是社会保障体系的水平是比较低的，并且农民外出务工也是"候鸟式迁徙"，当经济形势不好，就业机会减少时仍然需要回到农村。因此处于风险防范的考虑，不少农户不愿意轻易流转土地（贺雪峰，2018）。

1.2.3　推进农村土地经营权流转对策

现有的研究对农村土地经营权流转形成的主要政策共识如下：

（1）加强基础政府对农村土地承包经营权流转的指导并提供相关服务，促进土地流转（李坤、唐琳，2019）。土地流转是我国农村社会发展的必然方向，各级政府应加强指导和提供服务，做到尽力提供便利但不拔苗助长。基层政府应结合当地的实际情况，根据当地发展的规划合理地引导土地流转。政府在指导土地流转时要做到"不改变集体所有土地的性质，不改变土地的农业用途，不损害农民的合法利益"。

（2）规范农村土地承包经营权流转程序，培育土地流转市场。基层政府应根据相关法律规定，细化土地流转流程，制定相应的合同格式，设置专门的登记机构。同时培育土地流转中介组织，有条件的地方可以发展土地托管所、土地流转交易所、土地流转交易大厅等中介组织，及时发布市场信息，为有转入、转出土地需求的农户提供便利（王海娟、胡守庚，2019）。

（3）提高社会保障水平，减少农民对土地社保功能的依赖程度。目前，我国在农村已经初步建立起来了医疗、养老、教育等社会保障体系，但是仍然处于较低水平，今后要在国家财力允许的情况下，不断提高农村的社会保障水平，减少农民对土地社会保障功能的依赖（薛惠元、李林，2020）。积极探索农村土地承包经营权换社保和医保、换市民身份的模式（张勇，2020）。

（4）拓宽就业渠道，使农民工有充分的就业机会。我国中西部地区要抓住产业转移的时机，将第一、第二、第三产业的发展统筹起来。使越来越多的农民工能够在第二、第三产业中找到长期稳定的工作，比较彻底地解决其就业问题，减少工作不稳定所导致的反复失业，使其真正成为产业工人中的一部分（张莘锟、杨明婉，2020）。

1.2.4　研究视角

已有的关于农村土地承包经营权流转研究角度可归纳为以政府行为为视角、以农民意愿为视角、以产权关系为视角、以金融支持为视角四个方面：

（1）以政府行为为视角。在有些农村土地承包经营权流转模式中，地方基层政府是一个重要的参与主体，甚至是主导性的主体。有的地方政府的做法得到了当地农民和学者的肯定，但是也有不少地方政府在参与土地承包经营权流转中损害农民利益。郎佩娟（2010）指出一些地方政府为了做出政绩，将土地流转作为一种指标进行下达，并没有估计农民的流转意愿。有些政府盲目追求农业现代化、机械化和城市化、工业化，支持或默许农村土地流转非农化、非粮化，但对农地用途改变的增值部分利益分配上，给普通农民较少，引起社会不公。赵锦凤（2011）认为农村土地承包经营权流转中由地方政府、企业、集体经济组织、农民等多个主体参与，但法律并没有对收益分配问题做明确规定，流转过程中，普通农民不能参与其中，对于收益的多少和分配比例无能为力，政府和企业拿走了大部分收益。但是政府参与农村土地经营权流转并非一无是处，王颜齐、郭翔宇（2010）等对流转过程中政府、农户的博弈行为做了研究，认为在土地大面积流转的情况下，有政府的参与，可以使经营大户和农业企业在较低的交易费用下获得稳定的土地使用权，对于土地资源的有效利用是有好处的。农民的利益是否能够得到维护，关键是农户是否有较强的谈判能力和诉讼等行动的坚决性。

（2）以农民意愿为视角。农村土地经营权流转的基础是农民的流转意愿，在我国大面积的土地流转中，农民的主体地位和意愿应得到充分体现（韩冬、韩立达，2012）。张卫锋（2010）指出国家实施的一系列惠农政策有利于确保农民在土地流转市场中的主体地位，但大面积的土地流转中仍然是以政府为主导的流转模式，农民意愿体现不足。也有学者认为农村不同阶层对土地流转的意愿具有差异（陈昱、陈银蓉，2011）。陈成文等（2012）通过对广西、湖南、浙江三省的实地调查发现在农村收入比较高的阶层更倾向于转出土地，收入比较低的阶层更愿意转入土地。由此可以得出经济发展是推动土地流转的重要原因，要想加快土地流转，发展经济是有效手段（乐章，2012）。有些学者在研究农民流转土地决策时将受益和风险作为重要的衡量指标。王倩、管睿等（2019）研究表明农民做出流转决策时受其将来能够获得的收益和承担的风险影响很大。土地流转过程中应降低不确定性带来的风险（郭晓鸣、徐薇，2011），能够弥补因流转土地而减少的社会保障功能和就业功能，使转出农户能够得到稳定的收益来源。"三权分置"提出以后，有学者在新的条件下对农村土地经营权流转进行了研究，如丁涛（2020）提出政府要通过加强国家土地政策在农民认知中的渗透，让农民对土地流转政策有充分的理解。

（3）以产权关系为视角。明晰的产权对于农村土地承包经营权的流转无疑是十分重要的。吴福章（2007）认为我国目前土地产权制度存在缺陷，这是导致农民权益受损的根本原因。产权制度中的所有权、占有权、使用权、收益权、处分权都应该有清晰界定。我国相关法律对于这些都有所规定，但最重要的所有权界定不清，按照规定为集体所有，集体是个笼统的概念。另外，法律规定农村土地只能用于农业用途，这也限制了农户获得收益的空间。韩笑（2007）认为农村土地所有权界定不清会引起承包经营不稳定。因为我国相关法律对于土地承包经营的年限在不断地进行修改，限制虽然规定为 30 年不变，但是农户心里有将来会变的预期。另外也有一些政府会干预农村土地的经营，给农户的经营计划带来了一定的不稳定因素。董国礼等（2009）认为农村土地产权不清影响了委托代理关系，进而影响了土地中介组织的发展，从而也影响了资源的有效配置。兰勇、何佳灿、易朝辉（2017）认为土地经营权稳定问题是当前制约我国家庭农场持续健康发展的瓶颈，主要表现在流转成本高、集中连片难、流转期限短三个方面。

（4）以金融支持为视角。土地流转只是土地一种要素的重新配置，而农业生产尤其是现代农业需要多种要素合理配置才能够提高生产效率和扩大生产规模。因此在土地流转中如果能够有金融支持，无疑是一种促进作用。王原雪等（2011）认为土地流转有利于农业规模化生产，规模化生产所需要的固定资产投入、生产技术投入和日常运营都需要大量的资金。农村金融可以在这方面加大创新力度，支持农业企业或组织加快发展。崔慧霞（2009）认为农村土地流转和农村金融可以相互促进，农村金融有利于转入户或企业扩大生产规模，而生产规模的扩大又可以积累更多的资金。陈振峰等（2009）指出目前农村金融服务还不能够满足土地流转的需要，应加大农村金融创新。张瑞怀（2009）通过对四川省 21 个市、州金融支持与土地流转调查研究表明，农村对资金的需求与农民无财产抵押形成矛盾，因此建议拓宽农村抵押范围。黄向庆（2009）也通过深入调查发现农村土地承包经营权无法抵押给企业或农户融资带来了困难。2014 年中央提出"三权分置"后，一些地方探索农村土地承包经营权抵押问题，如彭澎、刘丹（2019）对江苏泗洪县、山东寿光市、辽宁昌图县、宁夏同心县四个国家级农地经营权抵押融资试点县进行了研究，认为政府在农地经营权抵押融资试点发挥着降低交易费用和承担"拓荒成本"的关键作用。

1.2.5　关于土地流转模式的研究

关于农村土地经营权流转模式的研究，有不少学者对某些单一的模式进行了分析，但是《中华人民共和国土地承包法》规定的转包、转让、互换、出租和入股五种模式没有太大争议外，其他某些地区创新的模式如"反租倒包"、"两权"抵押模式、"两田制"模式、"股田制"模式、"宅基地换住房，土地换保障"模式等。但是这些模式虽然在一些地方已经存在，但是学者们的争论很多。如"反租倒包"，中央曾于2001年、2008年两次发文禁止。张正河（2009）指出"反租倒包"实施的前提是转入企业有稳定的利润存在。"两权"抵押模式也属于争论的焦点。一些学者认为既然《物权法》承认农村土地承包经营权用益物权的性质就应该准许抵押（陈文学等，2010）。现有规定不允许农村土地经营权抵押的原因是怕农民失去土地，从而失去保障功能。但发达地区农民对土地保障功能的依赖程度很低，应该准许抵押。反对者认为如果允许土地经营权抵押，一旦农民经营不善，土地被银行接管，失地农民将失去生存基础，给社会稳定带来很大压力。"两田制"模式曾经在1997被中央发文禁止，但对其研究并没有停止，刘燕舞（2010）提出将农民土地分为"口粮田"和"机动田"分别用来满足农民的生存需要和发展需要。党国英（2010）也提出允许集体留出一部分集体地用于满足公共支出，其他土地分给农民。而"股田制"也是比较有争议的一种农村土地经营权流转方式，有学者支持"股田制"，但是在现实中有不少学者批评这种制度设计是工商大资本击垮小农的制度，后果很严重。重庆曾经实施的"股田制公司"也被中央叫停。"宅基地换住房，土地换保障"模式的争论没有明确的定论。有的地方搞得不错，如天津"宅基地换房"首批试点镇华明镇还作为"新农村建设的先行者"入选上海世博会城市最佳实践区。有的研究认为只是很好的一种城市化模式，而有的研究认为"宅基地换房"实质是低成本占用农民宅基地。

通过上面的综述可以看出关于农村土地经营权流转的研究是比较丰富的，为本研究的开展提供了很好的基础，前期开展农村土地经营权流转研究的学者们之间已经形成了一些较为一致的共识，但是对于新出现的流转模式也存在较大争议，另外我国农村的形势在不断地发生新的变化，如"三权分置"的影响、"乡村振兴"战略的实施、"扶贫攻坚"政策的实施和2019年新修改了《中华人民共和国土地管理法》。这些争议和新变化的存在说明不同的流转模式还有许多需要研究的地方。基于此，本研究计划将各种不同的流转模式作为研究对象，研究其具体做法、分析其产生的动因，解释不同模式中农民的流转意愿，最后将不同流转模式的社会效果进行比较分析和预测。以期为政府决策提供政策建议。

1.3 研究的思路与方法

本研究在梳理前人研究的基础上选择从农村土地经营权不同流转模式入手，首先回顾我国农村土地经营权流转政策的演变过程，接着将现有的土地流转不同模式的概念、做法及存在的问题进行系统分析。在此基础上，根据不同模式的分类建立模型分析其流转的动因，特别分析不同流转模式中农民的意愿。最后对不同的流转模式进行综合比较并给出政策建议。

在研究方法上，对现有的土地流转不同模式的概念、做法及存在的问题采用文献调查法，关于土地流转不同模式的动因采用制度经济学分析方法，关于不同流转模式中农民的意愿采用数据分析法和案例分析法，不同流转模式的进行综合比较采用综合比较法。

1.4 研究的重点与难点

本研究的重点是建立模型分析不同流转模式中流转动因的分析及不同流转模式综合效果的比较。实际上这些分析主要回答为什么这种模式在这个地方实施，而另一种模式却在其他地方出现，还有一些模式在全国各地都出现了，到底哪些模式是效果比较好的，哪些模式可以大范围地推广。难点在于分析不同流转模式中农民的意愿，由于有些模式只在个别地方出现，并且总体上流转模式较多，不能够到这些地方一一收集资料，只能从现有的研究中寻找有效的二手资料，搜集二手资料中存在一些困难。本书在写作过程中收集二手资料的渠道主要是两个：一个是从已经发表的论文中寻找二手资料，但是由于有一些问题是当时的热点，有不少论文围绕一个主题进行研究，若干年后原有的问题已经不是热点，很难再寻觅到已经发表的高质量文献。这时只能够求助于第二个渠道就是媒体报道，媒体报道的优势就是时效性很强，有最新的动态信息，但是确定也是比较明显，主要是典型个案剖析，缺乏大面积的调研数据，其可靠性往往容易产生质疑。因此本书的写作过程首先采用的是发表的文献，其次采用的是媒体报道。为了便于对文献进行追踪，本书引用的文献基本都表明了出处。

1.5 创新之处

本研究的创新之处有三点：一是本书对农村土地承包经营权流转研究的系统性，本书对农村土地承包经营权流转研究政策演变部分从改革开放之初开始，系统的研究了到 2020 年之间的各个阶段国家与之相关的制度与政策；二是本书对农村土地承包经营权流转研究的全面性。本书是关于农村土地承包经营权流转模式的研究，其研究对象包括转让、转包、互换、出租、入股、代耕、拍卖、土地信托、反租倒包、继承、"双放弃，三保障"、"土地换社保，宅基地换住房"、"两分两换"模式等十三种模式，涵盖了关于农村土地承包经营权流转在我国各地出现的所有模式；三是研究角度的独特性，本书对农村土地承包经营权流转的研究分别从不同流转模式的做法、不同流转模式的动因、不同流转模式中农民的意愿、社会发展对流转模式未来的选择等角度进行了分析，深刻而准确。

第 2 章

农村土地承包经营权流转政策演变

我国农村土地承包经营权流转政策经历了从禁止流转到允许一定模式的流转，是一个逐渐变化的过程。与西方发达国家的土地政策不同，我国的土地政策具有明显的中国特色，没有可以直接借鉴的经验做参考，因此我国的土地流转制度处于不断改革之中，使其更好地适应社会发展的不同阶段。

2.1 农村土地承包经营权流转的相关概念界定

"农村土地承包经营权流转"是政府文件中的规范称谓，2005 年 3 月 1 日起施行的《农村土地承包经营权流转管理办法》是农业部专门颁布的规范土地承包经营权流转的部门规章，但对"农村土地承包经营权流转"这一概念没有进行具体解释。现有的关于"农村土地承包经营权流转"的研究很多，存在相关概念不一致的情况。比如常见的与"农村土地承包经营权流转"经常同时使用的概念有"农地流转"、"土地流转"、"农村土地流转"等；对"承包经营权"的应用同样存在分歧，有的认为"承包经营权"是不可分离的，有的则认为"承包经营权"包括"承包权"和"经营权"两个权利；关于"流转"的概念虽然大多数人认为是农村土地在农户、经济组织或个人之间的流转，也有少数人认为流转的主体包括国家。正是由于对基本概念认识的不同，导致在讨论农村土地承包经营权流转时缺乏一个统一的基础，研究的内容和对象也存在差异。鉴于此，下面将对"农村土地承包经营权流转"这一概念分解为"农村土地"、"承包经营权"和"流转"三个组成部分进行分析，以求使不同的研究者对这一概念有统一的认识，为将来的研究提供方便。

2.1.1 "农村土地"的概念与内容

目前学术界对"农村土地承包经营权流转"中的"农村土地"有几种称谓，常见的为"农业用地"、"农用地"、"耕地"、"农地"、"农村土地"等。有很多研究者对其理解是有差异的。为了避免产生误解需要将这些概念解释清楚。"农业用地"一般是指使用作为农业用途的土地。这个概念与农业概念的大小有很大关系，如农业仅仅指的是种植业，那么农业用地就指的是耕地，在这种情况下与耕地的概念范围是一致的，仅指种植农作物的土地，与林业用地、畜牧业用地、渔业用地、宅基地、集体建设用地、其他建设用地是一个互斥的概念。《中华人民共和国土地管理法》（2019年最新修改）中使用的是"农用地"的概念且有明确的规定："农用地是指直接用于农业生产的土地，包括耕地、林地、草地、农田水利用地、养殖水面等"，与之对应的是建设用地和未利用地。"耕地"的概念最为狭窄，它仅指用来种植农作物的土地，因此当"农业用地"作为狭义解释的时候就和"耕地"是一个概念，具体指代的空间范围还要看作者是怎么定义的。如果"耕地"仅仅指承包经营合同上规定的面积，尤其是在耕地确权的情况下，这是一个非常具体准确的范围。但是在现实中不少地方有的农民自己开垦荒地，在他们看来这也是耕地，这时承包经营合同上所指的耕地和农民自己所说的耕地范围又不一样。"农地"是一个简称，既可以是"农业用地"的简称也可以是"农村土地"的简称。"农业用地"的范围上面已经进行了说明，这里重点分析一下"农村土地"。2003年3月1日实施的《中华人民共和国农村土地承包法》中明确指出"农村土地是指农民集体所有和国家所有依法由农民集体使用的耕地、林地、草地，以及其他依法用于农业的土地"，2018年修正后仍然如此解释。可见，该法是从土地用途的角度规定什么是"农村土地"的，在这种情况下"农业用地"和"农村土地"的概念是一致的，无论用哪种解释理解"农地"的概念都是正确的，都包括林地、草地和耕地，这说明耕地只是农地的一部分或者说一种类型。由于我国不同地方的地理环境不同，同样说的是农业用地，有的地方如平原地区是没有林地和草地的，有的地方是没有养殖水面的，所以其具体情况也要具体说明。从现有的研究来看，大多数没有指明农村土地承包经营权流转中"农村土地"的内容，从研究内容看大多是指"耕地"流转而非其他土地（现有研究题目中没有用"耕地流转"一词的），究其原因可能是"耕地"在全国各地都有，其他类型的土地如林地、草地和水面等只在一些区域存在有关。

从空间的角度理解"农村土地"和从土地用途上理解"农村土地"是有很大差异的。从空间的角度理解"农村土地"是与城镇相对应的一个概念，是指除了城镇以外的区域都是"农村土地"。这显然大于从用途角度理解的"农村土地"。从用途角度理解的"农村土地"是和"建设用地"及"未利用地"相对应的一个概念。"建设用地"是指建造建筑物、构筑物的土地，包括城乡住宅和公共设施用地、工矿用地、交通水利设施用地、旅游用地、军事设施用地等。从这一点看，农村的宅基地很显然是建设用地，不应算在农村土地承包经营权流转的对象。"未利用地"是指农业用地和建设用地以外的土地，主要包括荒山、荒坡、荒滩、荒丘（简称"四荒"）及其他未利用土地。《农村土地承包经营权流转管理办法》（2005年发布）第六章附则中第三十四条规定："通过招标、拍卖和公开协商等方式承包荒山、荒沟、荒丘、荒滩等农村土地，经依法登记取得农村土地承包经营权证的，可以采取转让、出租、入股、抵押或者其他方式流转，其流转管理参照本办法执行。"可见对于"四荒"在该办法中是作为特殊处理的，在农村土地经营权流转研究中将"四荒"与普通承包的耕地同等看待是不太合适的。如果要将"四荒"放在农村土地承包经营权流转中研究，需要加以说明，以免产生误解。综上所述，农村土地的范围比较广，所包含的土地类型也比较多，各个地方差异较大，根据研究的需要，本研究"农村土地承包经营权流转模式研究"中的"农村土地"采用了比较普遍而狭义的概念主要指耕地，如果涉及其他类型土地将会具体说明。

2.1.2 "承包经营权"的概念

"承包经营权"的概念在相关法规中经常被用到，大部分学者没有对此概念提出异议，提出异议最多的是土地的所有权的问题。但是也有少数学者认为"承包经营权"可以分为两个权利：一个是"承包权"，一个是"经营权"。并认为"承包权"是成员资格权，只有是一个集体内部成员才能够承包该集体的土地，因此该权利依附于人身资格，是不能够流转的（潘俊，2015）。"承包权"反映的是我国土地的社会主义公有制性质，表明土地不是私有的，农民种地是从集体那里承包而不是从私人那里获得。"经营权"是相当于产权中的使用权，是可以流转的，因此直接使用"承包经营权"流转并不科学。这些学者提出这种观点也是有依据的，《中华人民共和国土地管理法》（2004 修订）中提到"承包权"的地方只有 1 处即第四十七条"以其他方式承包农村土地，在同等条件下，本集体经济组织成员享有优先'承包权'"，且第五条指出"农村集体经济组织成员有权依法承包由本集体经济组织发包的农村土地"，可见认为土地"承包权"是成员资格权也是站得住脚的。事实上，资格权在一些流转模式中也会发生变化，并非不能流转。比如转让这种模式，原承包方和发包方的权利义务关系就会终止。《中华人民共和国土地管理法》中应用"土地承包经营权"的地方多达 45 处，可见该法律中更多的表达用的是"承包经营权"，没有明确地将"承包权"和"经营权"分开表述。还有一些研究中谈到"农村土地承包经营权流转"时，直接用"农村土地流转"或"土地流转"代替，省去了流转的内容——"承包经营权"。

2014 年 12 月中央明确地提出了农村土地的"三权分置"，即对所有权、承包权、经营权三项权利进行了明确。这也是官方明确地提出"承包经营权"包括"承包权"和"经营权"两项不同的权利。在中央明确之前的土地流转除了"转让"、"互换"这两种模式流转的包括承包权外，其他模式如转包、出租、入股、股份合作等流转模式流转的都是经营权。中央提出"三权分置"之后，解除了土地流转中农民怕失去承包权的疑虑，更有利于土地流转的发展，更有利于盘活土地资源。

无论在理论上认为"承包经营权"应分为"承包权"和"经营权"两个权利，还是认为不可分离的一个权利，无论在表述上采用"农村土地承包经营权流转"还是"土地流转"都没有引起不便。人们的理解都是"经营权"的流转而不是其他的意思。因此对"承包经营权"的分解只是在理论讨论时有意义，并不影响其现实意义。

2.1.3　"流转"的概念

"流转"一词是在第一轮土地承包期出现的土地承包权在不同主体间出租但又为了适应当时的时代背景所创造出来的术语。陈锡文（2017）认为"流转"不是规范的法律和政策用语，流转的本质就是租赁行为。1984年的中央一号文件中提出"鼓励耕地向种田能手集中"，但同时又规定："承包到户后，自留地、承包地不能买卖、不能出租、不能用于建住宅和非农业用途。"由于当时一号文件明确了不能出租，为了避开这个规定，就创造了"流转"一词。后来无论是政界、学界都接受了这一概念并长期使用。

"流转"指的是承包经营权（使用权）从一个主体转移到另一个主体，是承包经营权在两个不同主体之间转移且附带一定的条件，附带条件不同流转模式称谓也不同。这里的主体可以是普通农户、种植大户、家庭农场、农业合作社、集体经济组织、企业甚至是基层政府、国家。

从实际情况看，流转主体的转出方一定是农户，而转入方则可能是多种主体，普通农户、种植大户、家庭农场、农业合作社、集体经济组织、企业、基层政府、国家都有可能成为转入方。从现有的研究看，土地在农户与农户（包括种植大户）、农户与家庭农场、农户与农业合作社、农户与集体经济组织、农户与企业之间的流转称为土地流转是没有问题的，这类流转可以称谓狭义的土地承包经营权流转。因为《农村土地承包经营权流转管理办法》中虽然没有对土地承包经营权流转主体进行具体规定，但从其第六章附则中关于流转方式的解释内容可以看出转入主体包括：从事农业生产经营的农户、股份公司、合作社等经济组织。其中并没有提到政府甚至是国家也可以作为流转主体。

关于农村承包经营权在农户和基层政府、国家之间的转移也称为"流转"是有争议的，大部分研究将此类流转用专有的称谓"征地"表示，也有少数研究中认为这属于广义的土地承包经营权流转，因此将"征地"也包含在土地流转中进行研究。实际上，在有些土地流转模式当中狭义的土地承包经营权流转和"征地"是分不开的，如"宅基地换住房，土地换保障"模式中，"宅基地"属于农村的建设用地，"土地"是承包的耕地，宅基地换住房实际上是宅基地被征用，"土地"换社保实际上是将土地承包经营权流转给企业，目的是为了提高城镇化率或者发展产业。不过这是一种特殊的流转模式，通常情况下所说的土地流转就是狭义概念，不包括土地征用。

从法律规定的内容看，"征地"不应包含在土地流转中，因为法律规定土地流转不能改变土地的农业用途，如果改变土地农业用途就不能称为"流转"，应该称为"征地"。尤其是2019年新修正的《中华人民共和国土地管理法》中明确规定只有为了公共利益才能够征地。2019年前的土地管理法关于征地的范围并没有具体规定，如2004年《中华人民共和国土地管理法》第43条规定"任何单位和个人进行建设，需要使用土地的，必须依法申请使用国有土地"。一直到2019年修改的《中华人民共和国土地管理法》对征地范围做了新的规定。第45条对土地征用范围做了如下规定："为了公共利益的需要，有下列情形之一，确需征收农民集体所有的土地的，可以依法实施征收：（1）军事和外交需要用地的；（2）由政府组织实施的能源、交通、水利、通信、邮政等基础设施建设需要用地的；（3）由政府组织实施的科技、教育、文化、卫生、体育、生态环境和资源保护、防灾减灾、文物保护、社区综合服务、社会福利、市政公用、优抚安置、英烈保护等公共事业需要用地的；（4）由政府组织实施的扶贫搬迁、保障性安居工程建设需要用地的；（5）在土地利用总体规划确定的城镇建设用地范围内，经省级以上人民政府批准由县级以上地方人民政府组织实施的成片开发建设需要用地的；（6）法律规定为公共利益需要可以征收农民集体所有的土地的其他情形。"以前一些地方为了发展产业或者提高城镇化率不是为了公共利益所进行的征地在今后将会很难继续做下去，如2020年上半年山东省自然资源厅所发布的《山东省村庄布局专项规划》招致社会各界极大关注，最后被叫停，政府明确要对工作中产生的偏差和问题及时纠正。因此本研究中所用到的流转仅指狭义的土地承包经营权流转，不包括征地。

与"流转"一词关系紧密的还有"流转率"。"流转率"是一个比例，从已有的研究中发现，这个概念有两种表达，有的时候如果不加以说明，会引起歧义。一种表达是"流转率"等于一个地区流转耕地面积除以总耕地总面积所得的数值。另一种表达是"流转率"等于一个地区流转农户数除以该地区总农户数。虽然通常第一种表达是普遍认同的，但是在一些研究当中也有用第二种表达的。这两种表达的含义是有很大差异的。所以在用到"流转率"这个概念的时候也要加以明确含义。本研究中所用到的"流转率"仅指第一种情况。

2.1.4　产生概念使用差异的原因

"农村土地承包经营权流转"在应用中存在着不同的表达，原因主要有：第一，字面含义与其法律含义存在差异，需要认真地总结和辨析才能够准确地理解其内容所指，比如"农村土地"是从用途上区分还是从空间的角度区分会引起不同的理解；第二，《农村土地承包经营权流转管理办法》虽然是专门规范农村土地承包经营权流转的法规，但由于现实中农村土地承包经营权流转比较复杂，其并没有对"农村土地承包经营权流转"做出具体的定义，也没有对其中的"农村土地"和"流转主体"含义进行具体的说明；第三，我国各个地方在农村土地承包经营权流转实践中存在差异，也使得研究的地方不同，对"农村土地承包经营权流转"理解不同。比如平原地区"农村土地"没有林地、草地等，自然就将"农村土地"理解为"耕地"，而有些牧区或林区的林地或草地较多，耕地较少，对"农村土地"的理解就不一样；第四，一些学者为了研究的需要，也会提出与通常人们理解不同的含义。比如有的将"承包经营权"进行分解为"承包权"和"经营权"分别进行研究，有的认为"征地"也是流转，只不过是涉及主体不同。

针对"农村土地承包经营权流转"在应用中的不同表达,应该采取措施避免对同一概念的不同理解。首先建议国家制定的与"农村土地承包经营权流转"相关的法律法规在使用这一概念时采用统一的定义与解释,为不同的应用者提供统一的理解基础;其次,在正式文件没有对这一概念进行统一解释之前,建议不同的研究者在使用相关概念时能够清晰地定义自己的研究对象和内容,尤其是当采用与普通理解意义不同的含义时更要加以说明。

2.2　农村土地流转的政策演变

我国农村土地流转并非在家庭联产承包责任制一开始就有,而是经历了一个不断探索的过程。在我国农村土地承包经营权流转的前提是实施家庭联产承包责任制。

2.2.1　禁止土地流转阶段

从新中国成立到改革开放期间我国很长一段时间实施的是高度集中的计划经济体制,在此体制下,劳动者积极性不高,土地生产率低,无法解决中国人的吃粮问题。为了解决中国人的温饱问题,国家开始于20世纪70年代末80年代初探索家庭联产承包责任制。对于家庭联产承包责任制的实施也不是一步到位,是一个探索过程。1978年夏天安徽大旱,无法种庄稼,安徽肥西县把集体种不了的土地借给农民,种地的收成归农民,农民的积极性被调动起来,就想办法挑水种地。广为人知的安徽小岗村所采用地向农民借地方式不同于普通的包产到户，而是搞的"大包干"，当地农民称之为"大包干儿，大包干儿，直来直去不拐弯儿，交够国家的、留足集体的、剩下都是自己的"。这种制度安排的劳动成果分配清晰，优于普通的包产到户，更能够调动农民生产积极性，普遍受到欢迎。1978年党的十一届三中全会提出《中共中央关于加快农业发展若干问题的决定（草案）》，并在1979年9月召开的党的十一届四中全会上正式通过。《决定》明确指出："确定农业政策和农村经济政策的首要出发点，是充分发挥中国八亿农民的积极性。""我们的一切政策是否符合发展生产力的需要，就是要看这种政策能否调动劳动者的生产积极性。"为此，"我们一定要在思想上加强对农民的社会主义教育的同时，在经济上充分关心他们的物质利益，在政治上切实保障他们的民主权利。离开一定的物质利益和政治权利，任何阶级的任何积极性是不可能自然产生的"。1979年4月中共中央下发了《关于农村工作问题座谈会纪要》，指出："边远山区单门独户允许搞包产到户、分田单干，不是单门独户的地方有人包产到户，也不必禁止，不批不斗，不要勉强纠正。"这表明包产到户可以在边远山区实施，1980年4月中央又下发了《进一步加强和完善农业生产责任制的几个问题》中强调包产到户可以在整个贫困地区实施。1980年9月中央召开各省市区党委第一书记座谈会，指出一般地区也可以实施包产到户。1983年1月，中共中央又印发了1982年12月31日由中共中央政治局讨论通过的《当前农村经济政策若干问题》（又称1983年一号文件），1983年中央一号文件指出"目前实行的各种责任制，包括小段包工定额计酬，联产到劳，包产到户、到组等，都是社会主义集体经济的生产责任制。

不论采取什么形式，只要群众不要求改变，就不要变动"。这个文件进一步把农村实行的家庭承包责任制，同马克思主义合作制理论统一起来，对包产到户、包干到户的性质和地位，给予精辟的概括和高度的评价，指出："联产承包责任制采取了统一经营与分散经营相结合的原则，使集体优越性和个人积极性同时得到发挥。这一制度的进一步完善和发展，必将使社会主义农业合作化的具体道路更加符合中国的实际。这是在党的领导下中国农民的伟大创造，是马克思主义合作制理论在中国实践中的新发展。"文件指出："包产到户"、"包干到户"同其他形式的各种农业生产责任制一样，"都是社会主义集体经济的生产责任制"，"它不同于合作化以前的小私有的个体经济，而是社会主义农业经济的组成部分"。1983年中央一号文件指出家庭联产承包制"具有广泛的适应性"，"林业、牧业、渔业，开发荒山、荒水以及其他多种经营方面，都要抓紧建立联产承包责任制"。由于家庭联产承包责任制实施了"交够国家的，留足集体的，剩余的都是自己的"激励机制，家庭联产承包责任制很快就在全国实行，农民普遍有了生产积极性，粮食产量在1984年已经达到新中国成立以来最高水平，达到8146亿斤，比1978年多出2050亿斤，增长三分之一。

在此期间，中央政策禁止土地流转。1982年宪法规定"任何组织或个人不得侵占、买卖、出租或者以其他形式非法转让土地"，1983年中央一号文件也明确指出"社员承包的土地不准买卖、不准出租、不准转让、不准荒废，否则，集体有权收回；社员无力经营或转营时应退回集体"。当时的文件之所以做出这样的规定原因在于我国农村乃至全国当时的主要矛盾是解决温饱问题，需要从制度上解决农户的积极性激励问题，而农村土地流转问题几乎不发生，并非事关重大的问题，也无须专门进行解决。

2.2.2　土地流转自发形成阶段

我国农村土地承包经营权流转与整个国民经济的宏观形势紧密相关，农民工的出现产生了对土地流转的客观需求。1984 年的《关于一九八四年农村工作的通知》中首次提出"土地承包经营期一般应在十五年以上"。1984 年 1 月中共中央又印发第三个一号文件，文件规定："土地承包制一般应在 15 年以上，在延长承包期以前群众有调整土地要求的，可以本着'大稳定，小调整'的原则，经过充分商量，由集体统一调整。"从实施家庭联产承包责任制到 1984 年全国粮食产量创新高，"卖粮难"和"农村剩余劳动力"问题开始出现。1984 年我国首次出现"卖粮难"和"卖棉难"，农村数量庞大的剩余劳动力也急需解决，1985 年农村有 3.7 亿劳动人口，按照当时的估算，农村大约有剩余劳动力 1.5 亿左右。与此同时我国改革开放政策的巨大效应也日益显现，城镇化速度加快，乡镇企业迅猛发展。1983 年国家允许农民从事农产品自销和长途贩运，对于农产品买卖放开了口子；1984 年先后下发了《国务院关于农村个体工商业的若干规定》和《国务院关于农民进入集镇落户问题的通告》，放宽了农民落户城镇的条件，为农民进城提供了条件；1988 年又允许农民自带口粮进城务工经商。一方面是城镇化和乡镇企业发展需要大量农民工；另一方面是农村有大量剩余劳动力，在此背景下，农民工的大量流动对农村土地承包经营权流转也提出了客观要求。因此，1984 年的中央一号文件提出"鼓励土地承包向种田能手集中。社员在承包期内，因无力耕种或转营他业而要求不包或少包土地的，可以将土地交给集体统一安排，也可以经集体同意，由社员自找对象协商转包，但不能擅自改变向集体承包合同的内容"。这是第一次允许土地流转，并且是以转包的形式。但是此时的土地分为一般承包地和自留地承包地，上述规定是专门适用于一般承包地。对于自留地，该文件规定"自留地承包地均不准买卖，不准出租，不准转做宅基地和其他非农用地"。针对农村承包土地转包或转让中出现的问题，1986年《关于审理农村承包合同纠纷案件若干问题的意见》对此做了规定。指出"转让是指承包人自找对象，由第三者代替自己向发包人履行承包合同的行为，承包人将承包合同转让或转包给第三者，必须经发包人同意并不得擅自改变原承包合同的生产经营等内容，否则转让或转包合同无效"。1986年中央一号文件提出"随着农民向非农产业转移，鼓励耕地向种田能手集中，发展适度规模的种植专业户"。随后中央又在经济比较发达的地区探索土地流转，如1987年《把农村改革引向深入》文件中指出"在京、津、沪郊区及苏南地区和珠江三角洲，可分别选择一两个县，有计划地兴办具有适度规模的家庭农场或合作农场，也可以组织其他形式的专业承包，以便探索土地集中经营的经验"。在此阶段，农村剩余劳动力流动范围比较小，主要以间歇性流动为主，农村推动承包经营权也主要以自发为主，并且当时经济发展水平比较低，政府的财政收入对土地的依赖不高，政府对土地流转干预的很少。

20世纪90年代前后，我国的粮食价格在较低水平上徘徊，农民增产不增收现象普遍存在，粮食供应短缺现象已不可能发生，为了减少财政对农产品库存补贴的压力，1992 年全国废除粮票油票制度，农民不用再带口粮外出打工，这极大地促进了农民工流动。由于农产品价格较低，依靠种地致富的可能性很小，特别此时农民身负的以土地承包数量为计算依据的各种税费负担非常严重，这种情况一直持续到 2000 年。在 2000 年之前，政府财政投向农村的资金比较少，乡镇公共设施建设和教育投入主要靠乡镇自己解决，主要表现在道路要集资修，学校要农民自己建，教师多数是民办的，工资由乡镇财政支出。以土地为名收的税收主要有农业税、农业特产税、牧业税和牲畜屠宰税，在 1999 年时四种税合计为 300 多亿。除了税之外乡镇要收费，费的内容为"五统筹"即教育费统筹、计划生育费统筹、民兵训练费统筹、军烈属优抚费统筹、修路架桥费统筹，这些 5 项费用由乡镇统一征收。还有 3 项村级集体的提留：公积金、公益金、共同生产管理费。公积金用于修村里的道路、桥梁、水渠；公益金用于补助村里的五保户等困难群众，共同生产管理费主要是支付村干部的工资。这 8 项需要农民支出多达 600 多亿元。除此之外农民还有出义务工和积累工，义务工主要是搞大工程和抗震救灾，积累工主要是兴修水利和修路架桥。另外还有一些乱摊派、乱集资、乱罚款，全国农民的负担接近 1300 亿元（陈锡文，2017），平均每个农村人口的负担在 100 元以上。

　　由于附着在耕地上的负担太重，20 世纪整个 90 年代耕地撂荒、退回给发包方和亏本流转等现象在多个地方发生。在此期间，有的地方集体经济组织也趁机收回发包土地，进行再次出租，全国的土地流转出现了各种乱象。具有代表性的是"两田制"，我国农村部分地区不尊重农民意愿，不顾实际条件，以实行土地规模经营、推行"两田制"为名，强行收回农民承包地，实行高价招标或租赁经营，盲目推行农业规模经营。针对地方政府和集体经济组织纷纷以"两田制"和规模经营来剥夺农民土地承包经营权的蔓延之势。中央及时指出，集体的土地承包到户，实行双层经营，本身就是农村集体经济最有效的实现形式。如果把家庭承包经营这个基础动摇了，集体经济就失去了根基。家庭承包制度体现了集体统一经营和家庭分散经营的有机结合。一些地方屡屡发生的收回农民承包地、高价发包等现象，都是违反党的政策的，做法是错误的。不能再走那种剥夺农民利益、归大队的所谓集体经济了。必须长期坚持和完善以家庭承包经营为基础、统分结合的双层经营体制。它是中国农业集体经济的自我完善和发展，不能有任何的犹豫和动摇。在中央明确提出要求之后，各地不再搞"两田制"。

2.2.3　法律允许阶段

1993 年 11 月，《中共中央、国务院关于当前农业和农村经济发展的若干政策措施》重申"以家庭联产承包为主的责任制和统分结合的双层经营体制，是我国农村的一项基本制度，要长期稳定和不断完善"，"在原定的耕地承包期到期之后，再延长 30 年不变"，进一步指出"在坚持土地集体所有权不变，不改变土地用途的前提下，经发包方同意，允许土地的使用权依法有偿转让"，"为了避免承包地的频繁变动，防止耕地规模不断被细分，提倡在承包期内实行'增人不增地，减人不减地'的方法"。党的第十四届三中全会通过的《关于建立社会主义市场经济体制若干问题的决议》提出"允许土地使用权依法有偿转让。也允许少数经济比较发达的地方，本着群众自愿原则，可以采取转包、入股等多种形式发展适度规模经营"。1993 年颁布的原《农业法》又规定"在承包期内，经发包方同意，承包方可以转包所承包的土地、山岭、草原、荒地、滩涂、水面，也可以将农业承包合同的权利和义务转让给第三者"。1993 年将家庭联产承包责任制写入《中华人民共和国宪法》将土地承包经营关系上升到了宪法高度。1993 年中共中央国务院颁布了《关于当前农业和农村经济发展的若干政策与措施》，将土地承包经营期延长到了 30 年。1995 年 3 月，《国务院批转农业部关于稳定和完善土地承包关系意见的通知》规定"进行土地调整时，严禁强行改变土地权属关系，不得将已属于村组集体经济组织所有的土地收归村有，严禁发包方借调整土地之机多留机动地，要求原则上不留机动地，确需要留的，不得占耕地总面积的 5%"，"建立土地承包经营权流转机制，在坚持土地集体所有权和不改变土地农业用途的前提下，经发包方同意，允许承包方在承包期内，对承包标地依法转包、转让、互换、入股"。该文件将土地流转的形式进一步丰富。

1997 年亚洲爆发了金融危机，东南亚国家货币纷纷贬值，整个宏观经济形势恶化，我国企业也面临困境，农民工出现了回流潮，导致已经参与流转的转出户向转入户索要农村土地承包经营权现象。同时第一轮土地承包到期后，有的地方没有按照中央的要求延续承包期限，1997 年中央下发了《中共中央进一步稳定和完善农村土地承包关系的指导意见》。该文件指出"根据实际需要，进行'大稳定，小调整'时，绝不能用行政命令的办法硬性规定在全村范围内几年重新调整一次承包地"，"不提倡实行两田制，没有实行两田制的地方不要再搞，已经实行的必须按照中央的土地承包政策认真进行整顿"。1998 年党的十五届三中全会通过的《中共中央关于农业和农村工作若干重大问题的决议》更加明确规定："稳定完善双层经营体制，关键是稳定完善土地承包关系。土地使用权的合理流转，要坚持自愿、有偿的原则依法进行，不得以任何理由强制农户转让。少数确实具备条件的地方，可以在提高农业集约化程度和群众自愿的基础上，发展多种形式的土地适度规模经营。"2003 年党的十六届三中全会提出："依法保障农民对土地承包经营的各项权利。农户在承包期内可依法、自愿、有偿流转土地承包经营权，完善流转办法，逐步发展适度规模经营。"

这个时期，我国农村土地承包经营权流转发生的案例逐渐增多，引起了中央的重视，并且也出现了一些需要纠正的问题。针对有的地方发展适度经营操之过急的情况，1997 年出台了《关于进一步稳定和完善农村土地承包关系的通知》，1998 年又出台了《中共中央关于农业和农村工作若干重大问题的决定》，指出："按照依法自愿有偿的原则，逐步发展土地适度规模经营。对农业规模经营，党的农村政策一直来允许在稳定土地承包关系和农民土地承包权的前提下土地使有权的合理流转和发展土地规模经营，但始终强调，不能凭主观愿望，不能不顾客观实际，不能不顾群众意愿，不能通过行政手段强制推行，在条件成熟的地区，可以按照依法、农民自愿和有偿的原则逐步进行。"2001 年，中共中央 18 号文件《关于土地承包经营权流转的规定》规定："农村土地流转的主体是农户，土地流转必须坚持'自愿、依法、有偿'的原则"，"不提倡企业到农村大规模包地。"基于土地流转过程中出现的一系列违背农民意愿、损害农民利益的现象。2001 年，中央出台了《中共中央关于做好农户承包地使用权流转工作的通知》指出要纠正流转中存在的期限过长、速度过快、面积过大等问题，引导土地流转的健康平稳发展，促进农村土地资源的优化配置。经过长时期的探索，农村土地经营权流转已经逐渐成熟，1998 年《中华人民共和国宪法修正案》真正承认了农用土地流转的合法性。规定"任何组织或个人不得侵占、买卖或者以其他形式非法转让土地。土地的使用权可以依照法律的规定转让"。《中华人民共和国土地管理法》也进行了相应的修改："国有土地和集体所有的土地使用权可以依法转让。"

2002 年 8 月 29 日通过的《中华人民共和国农村土地承包法》从法律的高度专门对土地承包经营权做了详细规定。其中第二章第五节第三十二条明确规定："通过家庭承包取得的土地承包经营权可以依法采取转包、出租、互换、转让或者其他方式流转。""任何组织和个人不得强迫或者阻碍承包方进行土地承包经营权流转"，"土地承包经营权流转的主体是承包方。承包方有权依法自主决定土地承包经营权是否流转和流转的方式"。并且将土地承包经营权的流转作为独立的一节规定，对经营权流转方式、流转合同签订、流转管理等具体要求也做了规定。从《农村土地承包法》颁布以后，土地承包经营权流转以法律的形式确定了下来，这对土地的合理利用起到了促进作用。

2.2.4 新农业政策实施阶段

从 2003 年开始，我国农业宏观政策发生了转折性的变化，农民的各种负担不但逐步取消，而且还能够得到各种补贴。从农民由交税到获得补贴是一个过程，由于上一世纪 90 年代以耕地为依托需要农民负担的税、费、提留、劳役和其他搭车收费的情形屡禁不止，有一种形象的说法叫作"一税轻，二费重，集资摊派无底洞"中，于是中央从1999年开始决定费改税，中央提出要把农民负担从1300多亿降至800亿，并打算在四个省试点，结果只有安徽省进行了试点。按照原计划中央为安徽省税费改革补贴10亿元，但实际上补了17个亿。2001年江苏省提出不需要中央补贴就可以进行税费改革，经过安徽和江苏两省的探索，2003年开始在全国推行。

2003年新的农业补贴政策实施后，由于各种惠农政策实施力度越来越大，原来的土地转出户一度担心将来要获得的补贴会受影响，农村土地经营权流转曾出现回流现象。但是随着农业政策的连续实施，农户对农业政策的心理预期也逐渐趋稳。从2002年开始，我国进入全面建设小康社会阶段，农村的各种社会保障体系逐步建立了起来，城镇化和工业化发展速度明显加快，土地的财产功能日益显现。地方政府也在不断探索土地资源的运作，推动农村土地承包经营权流转。从这些年的实际情况看，在各种因素的共同作用下，无论是农户之间自发的土地流转还是带有地方政府主导性质的土地流转都较以往发展速度更快，我国农村土地经营权流转也随之进入新的发展阶段。

2005年11月，农业部发布的《农村土地承包经营权流转管理办法》专门对土地承包经营权流转的原则、当事人权利、流转方式、流转合同、流转管理进行了具体规定。2008年10月12日中共十七届三中全会通过的《关于推进农村改革发展若干重大问题的决定》对土地承包经营权流转进行了更系统的规定，保留了"依法自愿有偿原则"和"允许农民以转包、出租、互换、转让、股份合作等形式流转土地承包经营权，发展多种形式的适度规模经营"，增加了"加强土地承包经权流转管理和服务，建立健全土地承包经营权流转市场，有条件的地方可以发展专业大户、家庭农场、农民专业合作社等规模经营主体"，强调土地承包经营权流转"不得改变土地集体所有性质，不得改变土地用途，不得损害农民土地承包权等"。"赋予农民更加充分而有保障的土地承包经营权，现有土地承包关系要保持稳定并长久不变"。"长久不变"无疑让全国农民对自己土地的使用行为有了更稳定的心理预期。此后，2009 年的《中共中央国务院关于促进农业稳定发展持续增收的若干意见》和 2010 年的《中共中央国务院关于加大统筹城乡发展力度进一步夯实农业农村发展基础的若干意见》对土地经营权权能实现的操作和流转的规范做出了更详细的规定。

在各种法律法规中，对于农村土地经营权流转中的土地用途都做了管制，坚持土地的农业用途。《中华人民共和国土地管理法》（2004 年修正版）的规定："农民集体所有的土地使用权不得出让、转让或者出租用于非农业建设；但是，符合土地利用总体规划并依法取得建设用地的企业，因破产、兼并等情形致使土地使用权依法发生转移的除外。"国务院 2004 年 11 月《关于加强农村宅基地管理的意见》文件指出："禁止城镇居民在农村购置宅基地。"2007 年 12 月下发《关于严格执行有关农村集体建设用地法律和政策的通知》指出："任何涉及土地管理制度的试验和探索，都不能违反国家的土地用途管制制度。"实践中，各地在纷纷试行集体建设用地使用权流转。"近年来遍布各地的大量的各式各样的集体建设用地入市行为，无论是集体建设用地上的经营性住房，还是在集体建设用地上建工业，无一例外，正是挑战现有征地制度最主要、最重要的力量"。例如 2008 年，广东开始悄悄试行农房和宅基地的抵押贷款，以及宅基地置换城镇住房的新模式。江苏、浙江等地，则实行农民集中居住等方式，利用"增减挂钩"的政策，置换建设用地指标，实现土地的升值。

2014年"三权分置"出台为农村土地承包经营权流转创造了良好条件，"三权分置"使农村承包地流转变得越来越顺畅。随着经济发展，农业收入在农民家庭收入中所占的比重日益减少，依靠农业经营收入已经不能够支撑农村家庭的生活需要，部分农村劳动力外出打工，再加上农村机械化的发展程度不断提升，农村也不能容纳过多劳动力，农村承包地的流转成为一种趋势。以往在农民之间进行土地流转的时候，土地转出者会担心失去土地的承包权进而失去农业补贴等各种受益，不愿意与长期转出。土地转入者因担心土地转出者索要土地，因此不进行长期投资，进而影响土地的使用效率和农业的现代化。在这种情况下，党中央审时度势，2014年明确提出了所有权、承包权、经营权"三权分置"。与之相对应的是各地方政府对农村承包地进行了确权，明确了所承包土地的每一地块的四至。"三权分置"的重点是放活经营权，为农村承包地流转提供了法律保障。相关明确将土地经营权定位为用益物权，使权利人能够安心进行长期投资，有利于提高耕地资源的使用效率。经营权的权能包括对土地的占有、使用和收益，权利人也可将其用于出资、抵押、租赁和转让。经营权人无须具有集体经济组织成员资格，这样就扩大了主体范围，增加了对农村土地承包经营权流转的需求。

党的十九大已经明确土地的承包经营权将长期不变，2018年修正的《中华人民共和国农村土地承包法》第二十一条规定土地承包到期后再延长三十年。2019 年 11 月中央下发了《中共中央国务院关于保持土地承包关系稳定并长久不变的意见》，意见中明确指出："第二轮土地承包到期后再延长三十年。土地承包期再延长三十年，使农村土地承包关系从第一轮承包开始保持稳定长达七十五年，是实行'长久不变'的重大举措。现有承包地在第二轮土地承包到期后由农户继续承包，承包期再延长三十年，以各地第二轮土地承包到期为起点计算。以承包地确权登记颁证为基础，已颁发的土地承包权利证书，在新的承包期继续有效且不变不换，证书记载的承包期限届时作统一变更。对个别调地的，在合同、登记簿和证书上作相应变更处理。"2019 年农业农村部修订新的《农村土地经营权流转管理办法》，进一步贯彻落实"三权分置"。

总之，农村土地经营权流转政策是一个从简单到复杂的演变过程，法律制度日益完善。同时也可以看出这些法律法规每隔一段时间就会出台新的内容，对于同一个对象反复出台政策本身就说明了该问题的复杂性，可见我国土地流转将是一个长期复杂的过程。也可以看出在第一轮与第二轮土地承包期更迭时期对土地流转的影响带来了不稳定因素。因此土地流转能够顺利进行的一个前提条件是土地承包经营权稳定。

第 3 章

农村土地承包经营权流转模式的类型、做法与问题

3.1 农村土地承包经营权流转模式的类型

虽然我国法律法规中规定的农村土地承包经营权流转模式只有转包、转让、出租、互换、入股五种基本模式，对于别的模式统一概括为"其他模式"，但是根据现实中存在模式的总结可以分为十三种模式：转让、转包、互换、出租、入股、代耕、拍卖、土地信托、反租倒包、继承、"双放弃，三保障"、"土地换社保，宅基地换住房"、"两分两换"模式。

3.1.1 转让

转让是指农村土地的承包方有稳定的非农收入或职业，不愿意再经营自己承包的全部或部分土地，经发包方同意，将其原来承包土地的一部分或全部转给其他从事农业生产的农户，原有的承包方不再向发包方

承担相应义务也不享受相应权利，原来发包方和承包方的承包关系灭失。发包方与受让方之间建立了权利和义务关系。转让土地承包经营权是较早出现的一种流转方式，这与我国"二元"户籍制度有较大关系。以前，我国农村年轻人因升学、入伍、招工之后，户籍也一同被转走并且身份也变成市民。原本承包的农村土地就被农村新增添的人口转入。现在随着户籍制度的变化（尤其是大学生入学户籍不要求迁移制度）和土地承包经营权30年不变及"增人不增地，减人不减地"的政策影响，因非农稳定就业而转让土地的情况在减少，因有稳定收入自愿放弃土地承包经营权的情况也在减少，但总的来说转让在农村土地承包经营权流转中所占的比例不高。

3.1.2 转包

转包是指农村土地经营权的承包方将全部或一部分土地以一定的条件（一般为转入方支付给转出方一定的货币或实物）转给同一经济组织的其他成员从事农业生产。转包并不影响原来转入方和转出方之间的权利义务关系，新的权利义务关系只在转出户和转入户之间形成。由于转包是发生在同一经济组织内部成员之间，无须征求发包方的意见，同时同一经济组织间彼此相对了解，成员间形成的稳定的社会关系成了有效的约束因素，因此转包双方大多以口头或简单的书面合同作为契约形式。转包是我国土地承包经营权流转中出现最早的一种形式，它是伴随着农民外出务工的发展而不断被采用。由于其形式简单，交易费用较低，适应性广，属于一种诱致性制度变迁，因此转包是我国土地承包经营权流转最普遍的一种形式。在我国东南沿海经济发达的地区，土地经营权流转模式多样，转包所占比例可能被其他形式所超过，但是在中西部经济欠发达地区，转包在所有流转方式中所占比例最大。总的来说，转包在我国整个土地流转方式中所占的比例也是最大。

3.1.3　出租

出租是指土地承包经营权的承包方将一部分土地或全部土地以一定的条件（通常是一定的租金和一定的期限）出租给承租方。出租后，原来的土地承包方和发包方之间的权利义务关系不变。承租方和发包方之间的权利义务关系通过合同契约的形式加以规定。出租同转包的区别在于：转包是发生在同一经济组织内部农户之间的，而出租则不限于同一经济组织内部成员之间，同时承租方大部分情况下是企业或农业大户，其租来的土地一般是用于规模经营，因此只对地理位置相邻的地块承租，并不是租下一个农户所有的土地。而转包对地块间的位置关系要求较低甚至没有要求。另外在土地用途上也有一定的区别：受当地传统种植制度的影响，转包的土地一般不会改变种植结构，主要是从事当地传统种植业，而出租的土地一般是采用现代种植模式，由于传统农业比较利益低下，承租土地的农业企业或农业大户为了追求较高利润，往往从事高效农业、畜牧业或花卉园林等。与转让和转包两种模式相比，出租是出现的比较晚的农村土地承包经营权流转模式。由于其承租方一般为农业企业和农业大户，而这样的承租方与普通农户相比要少得多，因此在我国，愿意租赁农村土地的承租方还是少数，以出租方式流转土地在整个流转模式中所占的比例比较小。

3.1.4　互换

互换是指同一经济组织内部成员为了各自耕种方便，对自己承包的部分地块进行相互调换，农户之间的地块互换后，原来与发包方之间的权利和义务也要做相应的调换。通常地块的互换是一次性调换长期使用，所以地块互换时一般是面积大小、土地等级、总体产量差别不大的地块。土地互换产生的原因在于我国刚开始实行土地承包时，为了维护公平，土地分配大多呈插花状，并没有考虑就近的原则进行分配土地。插花地给部分农户带来了不便，如距离居住地远，施用农家肥、田间管理及粮食运输不方便，有的由于地块不相连，无法使用农业机械等。为了解决这些问题，农户之间可以确定是否互换地块及其相关条件，由于是同一经济组织成员内部地块调换，同时又不影响发包方的权利，一般无须征求发包方意见。互换双方的权利和义务的调整不会造成社会的其他影响，因此互换土地承包经营权是出现的较早的一种土地流转方式，也是我国相关法律法规较早认可的流转方式。但互换的前提是互换者利益相当，现实中分别属于不同农户，交换后都能够带来好处的面积大小、土地等级、总体产量差别不大的地块比较少，因此互换地块现象虽然普遍，但在整个土地流转中所占的比例较小。根据农业农村部公开发布的《对十三届全国人大二次会议第 5272 号建议的答复》显示，截至2018 年年底，全国承包农户自愿互换承包地面积超过 3000 万亩。

3.1.5　入股

入股是指将单位面积的土地折算成股份，入股的农户将土地统一联合起来组成农户合作社或股份有限公司经营。入股的农户可以根据合作社或公司的章程享受相应的权利。通常情况下入股有两种形式。一种是股份合作制，这是一种农户不但土地入股而且还要参与劳动的形式，在收益分配上，农户不但可以得到股份的分红而且可以得到相应的劳动报酬。另一种形式是土地股份制，在这种形式中农户将自己的土地入股后只享有分红权但并不参与劳动。无论是哪种形式的股份制，都是将土地转化为不同份额的股份。至于土地股份是否能够转让、继承或抵押，实践中不同的合作社或公司规定也不同。股份合作制也是一种诱致性制度变迁，这种形式最开始是有部分农民自发尝试的并在一些地方取得了成功，后来也得到了政府的认可。这种形式在一定程度上解决了经济发达地区农村劳动力短缺和经营规模过小的问题，同时又保障了农户的土地承包经营权。其前提条件是要有较多的农户参与，因此交易费用较高，在我国农户对土地依赖比较强的中西部地区，由于放弃土地自己经营的农户比较少，入股在东南沿海地区发展的较好，在中西部地区发展的有限。近年来，中西部地区一些基层政府也在倡导这种形式，土地入股流转有所发展。

3.1.6 代耕

代耕是指暂时不能经营承包土地的农户将自己的土地让亲朋好友代为管理，同时亲朋好友也代替原承包方向发包方承担义务。代耕与转包的区别在于；一是代耕一般约定的时间比较短，多在一年内，而转包一般时间在一年以上；二是代耕一般发生在社会关系比较紧密的农户间，有互助的性质且流转的报酬较低甚至没有报酬；三是代耕后，转入方要代偿转出方应承担的义务，而转包不改变原承包方与发包方之间的关系。由于代耕是发生在社会关系比较紧密的农户间，有很强的人情关系作为约束，签订书面合同的很少，基本上靠长期形成的彼此信赖关系。我国代耕情况比较普遍的是2003年以前，那时由于以承包土地为基础的税费负担很重，一些农户选择了放弃土地经营同时也不承担税费，把土地委托给亲朋好友代管，自己外出打工。从2003年以后，我国开始施行一系列新的惠农政策，尤其是给承包土地的农户按照面积发放一定的补贴，原来选择代耕的农户又开始自己经营，也有一部分仍然将土地选择让别人代耕，但是补贴归自己。目前代耕在我国土地流转中占较少比例，这与惠农政策关系较大。

3.1.7 拍卖

拍卖是指根据《土地承包法》的规定，"四荒"（荒山、荒沟、荒丘、荒滩）可以通过招标、拍卖的形式实现承包经营。拍卖不是针对普通土地提出的，是专门针对"四荒"提出的，拍卖不是一种平等的成员资格权，而是根据承包者报价的高低来确定最后的承包者。拍卖后的"四荒"在承包期内可以通过转让、出租、入股、抵押等多种形式流转。并且以拍卖形式得到的土地承包经营权可以抵押。在我国拍卖"四荒"并不是普遍存在，这与不同地方的自然环境有较大关系，有的地方有"四荒"中的一种或几种，而有的地方没有"四荒"。有的地方虽然有"四荒"，但是几乎带来不了什么经济利益，没有人愿意承包。也有地方是将"四荒"平均分给组织内部的成员，由成员自己经营。

3.1.8 土地信托

土地信托也称土地银行，是土地信托组织按照一定的报酬条件（相当于存款利息）将原来土地承包者的土地承租过来，然后再按照一定的报酬条件（相当于贷款利息）出租出去，出租和承租价格之差（相当于存贷利息差）就是土地信托组织的服务收入。其承租和出租土地的价格主要依据土地面积、位置、肥沃程度等。农户将土地交给土地信托机构后，与发包方的权利和义务关系不变。这种模式适合于土地流转市场比较完善的地区，土地信托组织是一个中介组织，通过出租和承租价格差获得服务报酬。如果一个地方土地流转市场不发达，承租的土地出租不出去或者承租不到土地都无法使土地信托机构经营下去。

3.1.9 反租倒包

反租倒包分为反租和倒包两个阶段，反租阶段是集体经济组织（一般为乡级政府或村委会）将已经由农民承包的土地以一定的租金反租回来，然后再统一出租给农业企业或种植大户，原来的土地承包经营关系不变。这种模式的好处是集体经济组织统一反租土地，避免了企业或农业大户向每一个农户承租土地所要花费的交易费用（谈判的时间、费用等）。有利于企业或农业大户在较短的时间内开展生产活动。但是实践中这种模式也存在农户利益受损的弊端，农户在与集体经济组织博弈的过程中处于劣势地位，无法有效保障自己的权益，往往是集体支付给农户的租金较低。这种模式中的集体经济组织也是理性经济人，他们期望从反租与倒包之间的租金差中获得好处，这也造成了一些经济纠纷。鉴于在一些地方，这种纠纷较多，中央已经要求不要再搞反租倒包。

3.1.10　继承

与我国土地承包经营权相关的法律法规规定通过招标、拍卖公开协商等方式取得的土地承包经营权可以在承包期内继承外，其他情形没有规定可以继承。由于我国土地承包经营权30年不变，基本上实行"增人不增地，减人不减地"的政策，现实中有些地方的土地承包经营权是可以继承的。土地的继承改变了原有的承包方与发包方之间的权利和义务消失，继承人与发包方之间建立起了新的权利和义务关系。土地的继承与转让不同，虽然两者都引起原来承包关系的消失，但是转让是由于转让者农业户口转变为非农业户口（有稳定收入）或者从事非农业并愿意放弃土地，受让方只是一个集体组织中的成员并不要求有继承关系。而土地继承发生的原因是被继承人死亡，继承方必须是有继承资格的自然人，一般为有血缘关系的近亲属。

3.1.11　"双放弃，三保障"土地流转模式

"双放弃，三保障"模式被一些地方作为一种推动城镇化的有效途径所采用。在全国较有影响力的是重庆和成都这些地方的做法。以成都为例，成都的"双放弃，三保障"土地流转模式是指农民放弃宅基地的使用权和土地承包经营权，政府将农民统一安排在城市居住，农民的户口转变为非农业户口，身份也由农民转变为市民。农民用失去的土地承包经营权和宅基地使用权换来购房保障、就业保障和社会保障。购房

保障就是失地农民在人均面积限制的范围内（成都规定人均45平方米）按照成本价购买，超出部分以较高的价格购买。就业保障就是政府的劳动保障部门对失地农民进行职业技能培训，努力促进他们就业，对于不能就业且符合城镇居民最低生活保障政策的发放最低生活保障。失地农民的子女中处于义务教育阶段的按照城镇居民子女安排就学。社会保障是指失地农民按照政府制定的社会保障政策参加社保，政府财政给予一定的补贴，失地农民按照年龄缴纳一定年限后可以享受与城市居民同样是社会保障。

3.1.12 "土地换社保，宅基地换住房"模式

"土地换社保，宅基地换住房"模式是指用土地承包经营权换社会保障，村集体将土地交给镇政府统一管理，镇政府统一给失地农民缴纳社会保障款，失地农民的户口变为非农业户口，身份也变为城镇居民，年龄达到退休年龄后可以领取养老金。这种模式在天津滨海新区和山东诸城、淄博、临沂、济宁、德州、聊城等地出现。以天津滨海新区为例，宅基地换住房实行的是在拆迁的宅基地上集中建房，拆迁一平方米补偿一平方米。对于失地农民的补偿是依据农户土地面积的大小进行长期补偿。补偿款的来源是在新置换土地上新上项目所带来的收入。"土地换社保，宅基地换住房"模式与成都模式不同的地方在于：一是住房面积不用购买，实行拆一补一的方式，减轻了失地农民的负担。二是补偿不再是一次性的，为失地农民的长远生计问题提供了解决方案。

3.1.13　"两分两换"土地流转模式

"两分两换"模式是在浙江嘉兴地区一些地方出现的土地流转模式，"两分两换"就是土地承包经营权和宅基地使用权分开。以承包经营权换股、换租、换保障；以宅基地换钱、换房、换地方。土地承包经营权和宅基地使用权分开的目的是为了保证灵活性，农户可以只用土地承包经营权换股份、换租金或者换保障，保留宅基地的使用权，也可以选择用宅基地的使用权换取住房或者货币，保留土地承包经营权不变。这种模式的最大好处是确保了农户的选择权，拥有选择权可以在很大程度上保护农户的利益不受损，但是也会造成由于少部分农户不流转土地或宅基地而影响整个土地利用效率的情况。政府在这种流转模式中承担了较大风险。

3.2　农村土地承包经营权不同流转模式的做法

3.2.1　转让的做法

现实中土地转让主要发生在农转非的农户家庭中或有稳定收入来源自愿放弃土地的农户中。在第二轮农村土地承包经营权政策实施前，我国农村大部分地区实行的是"增人增地，减人减地"的制度，由于婚丧嫁娶、考学、参军等原因使得一些人不再具有拥有土地承包经营权的资格，土地承包经营权被动转让给其他成员，这种转让是永久性的。在第二轮土地承包经营权政策实施后，实行土地承包经营权 30 年不变，大部分地区的实行"增人不增地，减人不减地"的制度，同时我国的大学生就业政策也进行了改革，与之相对应的是升学后可以不迁移户口。这种强制型土地转让政策已经不再存在，目前主要是自愿放弃经营土地的农户。自愿放弃经营土地的农户转让土地要向发包方申请，经发包方同意可以和转入方签订转让合同，转让合同一般包括转让标的（地块名称、面积、坐落、肥力等）、转让费用、费用的支付方式和时间、土地转让的交付时间和方式、违约责任、争端解决办法等。合同生效后，双方按照合同的内容执行。

3.2.2　转包的做法

转包手续简单，由于发生在集体成员之间，无须征得发包方的同意。在现实中这种流转方式比例较大，大多数农户在转包土地时是通过口头约定的形式，也有通过签订书面合同的形式。无论是哪种形式一般都要涉及转让标的（地块名称、面积、坐落、肥力等）、转让期限、转让费用、费用的支付方式和时间等，在转包中费用的支付方式有货币支付和实物支付两种，实物支付常见的是转入方给转出方一定数量的小麦、玉米、稻米等粮食作物。目前土地转包过程中容易产生纠纷的是土地的相关补贴归属问题，大部分转出土地的农户都不愿意放弃补贴，但是政府发放的各种补贴主要是为了鼓励种地农户。这种土地转包与补贴相分离的做法实际上与中央的政策目标是不一致的，因为种地的得不到补贴，得到补贴的不种地。

3.2.3 互换的做法

现实中的土地互换主要是为了耕种方便，这种情况下大部分是面积、肥沃程度、用途差别不大的土地。也有一些是为了建房或搞非农经营活动互换土地，这种互换主要是为了取得交通便利的地块，在此情况下面积、肥沃程度和用途往往有较大差异，交通便利的土地估值会更高一些。以前农户的法律意识较弱，在土地互换时没有签订协议，随着经济的发展，土地的地理位置越来越重要，一些互换土地的农户认识到土地位置的重要性，又索要土地，引起土地纠纷。目前人们越来越认识到合同的重要性，在土地互换中也有一些农户开始签订书面合同，内容主要涉及土地的基本情况及用途（面积、坐落、肥沃等级、是否为建设用地、附属物情况等）、互换时间、补偿标准、方式及时间、土地交付方式及时间、双方的权利和义务等。这为纠纷的解决创造了很好的条件。

3.2.4 出租的做法

出租一般是将土地租赁给集体组织以外的人，通常情况下承租人租赁土地是为了经营非种植业，比如畜牧业、蔬菜或食用菌之类产值更高的农业，这种出租是发生在农户之间的。有的出租发生在农户和企业或合作社之间，这种出租通常不是单个农户或少数农户的行为，而是多个农户将土地连片出租，农业企业或合作社通过规模经营来提高生产效率。土地出租无须征得发包方的同意，但是要在发包方备案。农户之间的出租签订合同的较少，但是发生在农户和企业或合作社之间基本上都签订了出租合同，这与企业或合作社有较高的法律意识是分不开的，以避免日后出现纠纷。出租合同一般包括土地面积与位置、土地用途及承租形式（个人或企业等）、出租期限、地上附属物的处置、租金及交付方式、双方的权利及义务、纠纷的处理办法等。

3.2.5 入股的做法

土地入股的做法一般是农户经过政府或集体经济组织，将土地集中起来然后再依照面积转化成一定的股份，组成农业合作社或公司。在这种土地流转模式中政府或集体经济组织发挥着至关重要的作用，如果没有政府或集体经济组织，农户很难自发地组织在一起，也谈不上入股。土地只是生产要素之一，通常土地要在所有的生产要素中占一定的比例，然后各个农户根据自己土地面积比例在总股份中占一定股份。土地入股也需要签订合同，通常情况下合同内容包括合作方式、合作期限、入股土地的基本情况、分红的标准及结算方式、双方的权利和义务、合同期满后地上建筑物、构筑物等相关设施的处理等（因为土地入股后往往改变传统的经营方式，会有较多资本投入形成的固定资产等）。

3.2.6 代耕的做法

现实中代耕是一种帮忙性质的流转方式，一般时间不超过一年。因为代耕发生在社会关系比较近的成员之间且时间又比较短，因此报酬和相关的权利及义务会变得相对不重要，几乎不签订合同，土地的用途很少改变，通常还是沿袭当地传统的种植制度。并且农业补贴的归属也有不同情形，有的是归转出方所有，有的归转入方所有，这些较少的经济利益已经逊色于亲近的社会关系。

3.2.7　拍卖的做法

农村土地的拍卖是对"四荒"实行的政策。一般做法是将"四荒"（荒山、荒坡、荒沟、荒滩）的面积、位置等基本情况确定后，召开小组或行政村村民会议，在会议上宣布要拍卖的土地，让集体经济成员进行竞价，价高者得。现实中一些土地整理中新增加的耕地或者农业学大寨中改扩建的土地也通过拍卖的方式承包，这与普通土地承包的区别在于是通过竞价的方式获得承包权，普通承包权的获得是因为有成员资格。也有一些地方的"四荒"是承包给集体以外的自然人或法人，现实中承包人往往比较少，形不成竞争因此也形不成拍卖市场，一般是经济集体和承包人通过谈判达成协议。无论是哪种通过拍卖获得的土地承包经营权一般都要签订合同，主要是集体经济组织的代表（村主任或小组长）作为一方与竞拍成功者签订合同。集体经济组织的代表往往是一些集体经济体中的能人，法律意识比较强。另外也是因为集体经济组织的代表往往是需要换届的，拍卖签订的合同时间比较长，在合同期内代表可能会变更，签订合同可以有效地避免一些纠纷。

3.2.8　土地信托的做法

土地信托模式在全国实施的地方不多，有较大影响力的是湖南省益阳市"草尾镇模式"、福建的"沙县模式"。"草尾镇模式"的做法是政府出资在乡镇设立土地托管机构，农民在自愿的前提下，将名下的土地承包经营权委托给政府的土地托管机构，并签订土地信托合同，农业企业或大户再从政府土地托管公司手中连片租赁土地从事农业开发经营活动。简而言之，就是变过去农户和企业两个角色间的流转为农户、企业和政府三个角色间的流转。农户的承包经营权先流入给政府的土地托管公司，再由托管公司将归集的经营权打包集中流向企业或大户。沙县模式是基层政府成立土地信托公司，土地信托公司和村委会签订土地流转合同，参加土地流转的农户由村委会组织。土地信托公司用土地信托公司的注册资本作为风险基金，万一出现无法兑付农户土地租金的情况下，用风险基金赔付农户。这种做法确保了农民的利益有保障，但是政府创办的土地信托公司也面临着无法转出土地的风险，于是就和一些农业企业合作或合资实施农业项目。土地信托主要由乡镇政府推动，因为通过土地信托方式流转土地需要建立平台，这个平台一般由乡镇政府搭建，因为如果搭建在县级政府，则显得过大，一方面同一个县内各个乡镇的情况不同，另外乡镇是最低的行政机构，与行政村的村民自治机构相比更具有权威性，乡镇政府有财政收入，为搭建平台创造了条件。如果土地信托平台搭建在村里，一方面一个行政村的土地流转信息有限，形不成有效的供求市场；另一方面村里收入较少没有搭建平台的条件。土地信托模式下流转的土地主要是给农业企业或农业大户经营，乡镇政府是基层政府有一定的公信力，投资商也比较信任，行政村组织是村民自治组织，不是一级政府，公信力较弱，投资商处于规避风险的考虑一般也不会直接寻找村组织签订合同。乡镇政府有行政管理的职能，乡镇政府成立的土地信托组织有一套相应的规章制度，为土地信托流转的规范化、法制化创造了条件，另外乡镇政府也有能力做一些土地流转后的配套服务工作，如对流转土地农户的技能培训等。

3.2.9 反租倒包的做法

反租倒包也是一种必须有农村集体经济组织或乡镇政府参与的一种流转方式，现实当中这种流转方式由于经常出现一些农村集体经济组织或乡镇政府强制农户反租土地的现象，中央已经制止。通常所说的反租倒包在具体操作时分两个阶段，第一个阶段是"反租"，是集体经济组织将土地从农户手中以一定价格统一反租到集体名下；第二个阶段是"倒包"，即第一步从农民手中分散租到的土地再统一出租给农业企业或农业大户。但现在更多的是在一些地方为了促进工业的发展，由于工业用地计划的限制，没有符合规划的土地可以利用。政府就实行以租代征的方法，首先以一定的价格和条件将连片的土地统一租回，然后再出租给工业企业使用。反租倒包在有些地方做得不错，农村集体经济组织或乡镇政府能够平衡农户、自身和企业三者的利益关系，但是农村集体经济组织或乡镇政府也是理性经济人，为了谋求自身利益和企业串通损害农户利益，这是中央禁止的重要原因。

3.2.10 继承的做法

《土地法》规定土地不能继承，现实中确有土地继承的事实。我国法律规定土地第二轮承包期为30年，第二个承包期满后还要再延长30年，但是不同地方在执行政策时会存在差异。为了防止耕地更加细碎化，中央已经明确地提出"增人不增地，减人不减地"。有的地方实行"增人不增地，减人不减地"政策，就出现了继承问题，主要是依据在赡养老人的义务获得继承土地承包经营权。有的地方当地已经形成了

"减人要减地，增人要增地"的习俗，所有人一律沿用婚丧嫁娶先有集体收回土地，然后再按照新增人口申请土地的先后顺序取得土地承包经营权，在这种情况下即便是自己家庭成员中有人需要申请土地，也需要排队和从集体经济组织那里获得土地而不能直接继承，在这种情况下不属于继承关系。另一种土地继承的特殊情形是五保户去世后，土地承包经营权由集体收回，因为五保户是集体赡养的。这种情况下，即便是实行"增人不增地，减人不减地"政策的地区仍然要由集体经济组织继承五保户的土地承包经营权。

3.2.11　"双放弃，三保障"的做法

"双放弃，三保障"模式在全国较有影响力的是成都的做法，该做法是在国务院批准成都为全国统筹城乡综合配套改革试验区中广泛采用的一种做法。成都市对城乡一体化发展行动较早，早在2003年10月，成都市在双流区召开了推进城乡一体化工作的第一次现场会议。2004年2月，成都市出台了《关于统筹城乡经济社会发展推进城乡一体化的意见》。2005年12月，又将推进城乡一体化纳入了"十一五"发展规划。2007年6月，成都市作为全国探索统筹城乡发展工作的先行者，被中央政府确立为全国统筹城乡综合配套改革试验区，成都市开展了广泛的政策创新和实践创新工作。成都"双放弃，三保障"模式最早在锦江区、温江区和新津县实施，其做法具有典型的代表性，三个区的具体做法如下：

（1）锦江区做法。锦江区有3个街道（乡），其中有农户7021户，农业人口22107人，他们组成了11个农村集体经济组织，分为6个组。

锦江区在获得国家城乡规划建设的试点单位资格之后，制定了《成都市锦江区"198"区域土地利用产业布局规划可行性论证方案》，通过法律的手段对土地的顺利流转进行了保障。在实际运用过程中，集体土地通过确权使其落实到每组的集体中。集体建设用地一次性地流转到集体经济农投公司，然后经过二次流转到达项目业主手中。新型的经济组织在除去成本后对流转收益进行股权分配。农民通过这种土地流转方式获得"四项收入"：一是农用地租金固定收入。在 2008 年时，确定的每亩年均租金为 1800—3000 元范围内；二是通过出租房屋获得的租金收入；三是通过对集体土地进行流转获得的租金；四是农民到企业务工从而获得的工资性收入。当土地流转之后，农民不在自家土地上从事农业耕作，而在引进的企业或者其他方式获得工作。

（2）温江区做法。成都市温江区 2008 年时有常住人口约 39.4 万人，面积约达 277 平方公里，有 6 个城镇和 4 个街道办。2007 年，温江区推行"双放弃换社保"的模式，农民或到城镇进行自主购房或听从政府安排居住在集中社区，有资格参加城市社会保障，享受政府的社会保障补贴。"双放弃换社保"具体的要求就是男性超过 60 周岁以及女性超过 50 周岁的村民，农民自身承担的费用为 9100 元，而政府承担的费用为 23000 元，缴纳之后的第二个月就可以通过申请领取每个月 210 元的补助，如果生病需要住院的，还可以享受住院医疗保险。对于 50— 60 周岁的男性，40—50 周岁的女性，每个农民年均缴纳 3600 元，政府每年进行 1800 元的补助，这种缴纳方式进行十年后，则有权利或者与城镇居民相同的养老保险待遇和门诊等主要医疗待遇。对于 40—50 周岁的男性和 30—40 周岁的女性，人均每年缴纳 3600 元，政府补贴

800 元的标准。这种缴纳方式需缴足 15 年则可获得与城镇居民相同的养老保险待遇和门诊等主要医疗待遇。

（3）新津县做法。以新津县袁山村为例，该村有 4424.75 亩的土地面积，耕地面积有 2425.29 亩。社区包含 371 农户，组成了 6 个村民小组。2005 年以前，该地区的经济落后，主要是依靠种植业来生活，人均年收入为 2160 元。在 2007 年，政府采用的是自愿搬迁的政策。第一期集中了 172 户共 458 人，二期集中了 168 户 450 人，经过两次的努力，达到了 90% 的集中度。袁山村通过流转的方式让企业掌握土地经营权，同时引入了无污染、劳动密集型的养殖业和加工业。政府为了农民的再就业，建立起了由社会、农民、养殖业进行合作的"新津獭兔养殖合作社"，为了鼓励企业发展，政府还为企业提供 150 万元的贴息贷款促进养殖规模的扩大。并且将 1180 亩流转出去的土地通过注册的方式使其变成成都市袁山生态公司的形式，发展成一个青花椒养殖加工的规模企业，进行统一规模化生产。

3.2.12 "土地换社保，宅基地换住房"的做法

这种模式比较有影响力的地方是天津滨海新区和山东一些地方的做法，山东省最先是诸城，其先撤销全部行政村，几个小村庄合并成大的农村社区，引导农民集中居住，后来淄博、临沂、济宁、德州、聊城等地也采用了这种做法。天津滨海新区的做法是首先成立土地流转中心，土地流转中心在开展工作之前进行了广泛的调研，然后确定各种土地、房产的出让价格。让购买者、租种者和出让农户都能够明白交易中的利益的变化。在土地换社保方面村集体土地流转至镇政府名下后，农村人

口失去土地转为城镇户籍，镇政府将统一为村民缴纳保险，到达城镇退休年龄的村民即可以领取养老金。对于失地农民的经济补偿，根据各家土地面积，每年按比例分配。补贴的费用，来自未来新上工业、商业项目所增加的财政收入。按比例发放到各家后，再按照家庭人口数分到个人。每个人将拿到一个"补贴证"，并享有"永久性被补贴权"。在宅基地换楼房方面，其主要模式为在拆迁之前进行村民全体表决，90%以上的村民同意进行拆迁建房，同时按照原有宅基地上住房的面积，对村民进行回迁。拆一平方米还一平方米。

3.2.13 "两分两换"的做法

2008年，浙江嘉兴农业用地占整个用地面积的比例高达86%，但其创造的经济价值不到当地的6%（李佳奇、刘冰镜等，2015）。跟全国大部分地区一样，嘉兴也存在农保地和建设用地搭配不合理、土地利用不充分等问题。矛盾突出表现在：一是农民住宅分散，宅基地利用率低下，大部分房前屋后都有闲置空旷的院落，少数农户甚至建新不拆旧，一户多宅比比皆是；二是耕地规划不合理，土地利用率不高，形不成规模生产、效能生产和产业化生产；三是外出打工造成土地抛荒现象日趋严重。嘉兴当地政府认为如果能够置换出农户的宅基地和已经被占用的零碎的没有经过统一规划的建设用地，将其统一规划，一方面可以节约大量的土地供发展二、三产业需要，同时也可以实现土地增值，让普通民众能够分享土地增值带来的好处。另一方面将农民的承包经营土地整合在一起，可以发展高效的现代农业，从而实现真正的城乡一体化。在此背景下，"两分两换"孕育而生。

"两分两换"模式是 2010 年前后在浙江嘉兴地区一些地方出现的土地流转模式，在宅基地换住房方面，村民可以农村旧房置换新的城镇住房，可置换城镇住房标准建筑面积在按政策认定人口每人 40 平方米的基础上，每户再加 60 平方米，但户内 5 人以上（含 5 人）可置换的城镇住房建筑面积不得突破 260 平方米，除非四代同堂且人口在 6 人（含 6 人）最多可置换 300 平方米，这是政策的上限。政府按成本价 1600 元/平方米提供安置房，超出部分按照每平方米增加 1000 元置换。户型上有 115 平方米、105 平方米、75 平方米、65 平方米四种方案可选。由于各个地方的情况不同，在嘉兴最早实施"两分两换"模式的三个镇即七星镇、余新镇和姚庄镇实行了三种模式，宅基地流转中，七星镇是公寓房安置，余新镇是自建房、公寓房和货币补偿三种形式，农民可以选其一，姚庄镇农民不能够自建房但可以选择类似自建房的户型、标准公寓或货币补偿。在土地流转方面，乡镇政府将土地流转给政府指定的公司，农民获得一定的租金收入。七星镇和余新镇的方式是土地流转给政府指定的公司，农民获得一定的租金收入。在七星镇，租金收入为每亩每年 700 元，每年递增 50 元。在余新镇，租金则为每亩每年 600 元，每两年上浮 10%。姚庄镇农民由于经营大棚蔬菜、黄桃等高效农业的较多，农民平均每亩的收益超万元，土地流转的租金对农户没有什么吸引力，在这种情况下姚庄镇在流转中允许农民自行耕种，当然也可以通过土地流转平台流转以获得租金。"两分两换"模式具有比较强的灵活性，后来我国其他地方也有借鉴做法的。

3.3 农村土地承包经营权不同流转模式存在的问题

3.3.1 流转土地非农化

流转土地非农化是指转入者将流转过来的土地用作建设用地、宅基地、商业用地等。从十三种流转模式中，代耕和转包两种模式是发生在农户间的暂时或中短期行为，一般不改变土地的用途，不会出现非农化。而继承、转让和互换是长期或永久性的行为，转入方有可能改变土地用途，有些转入方就是要选择交通便利的地方居住或经商才进行土地互换的。出租、入股、土地信托、反租倒包都有可能部分地改变为建设用地，这三种模式往往涉及的面积比较大，一方面由于为了便于管理转入的土地确实需要建设一些管理用房、道路等基础设施；另一方面，由于纯粹的种植粮食作物收益较低，一些大规模转入的商业企业或组织会选择部分土地做一些利润高的项目，比如设施农业、观光农业、休闲农业、会议中心、度假村或农家乐等，这些项目一般要建设永久性建筑，因此部分土地也就变成了建设用地。这些建筑一旦建成很难再复垦，即便是商业企业退出，这些建筑也会有人接手。一些业主本身就是为了搞一些非农业项目专门进行土地流转的，而一些地方政府为了招商引资增加税收和发展经济，在选商择商方面也是主要看投资规模，常有将农业用地变为建设用地的冲动。"双放弃，三保障"、"土地换社保，宅基地换住房"、"两分两换"三种模式是为了推进城镇化才大力推动的模式，注定至少一部分流转的土地要被用作建设用地。"双放弃，三保障"、"土地换社保，宅基地换住房"两种模式下，农户没有选择参加或退出的权利，和征地有些相似但是比直接征地要更容易被农民接受，至少政府还负责住房的安置和长期生计的社会保障问题，征地只是一次性的赔付。"两分两换"模式下农户有是否参加的选择权，但是也存在以租代征的情况，这种模式下农户一旦参加，土地的使用性质就会被改变。拍卖这种流转模式是针对"四荒"的，由于"四荒"自然条件比较差，本身的用途适合用于林地、果园和发展养殖等，因此很难改变为建设用地，其农业用途也很少改变。

流转土地非农化问题之所以引起学者们的担忧主要是因为其影响到了国家的粮食安全，对于中国世界第一的人口大国来说，这些担忧完全是有必要的，流转土地非农化直接会减少耕地面积，也必然会减少粮食总产量。有些学者对此发表了自己的看法，如姚克指出，土地流转中将耕地进行非农化建设的变相开发危害了粮食生产底线。江喜林（2009）指出，农村土地尤其是耕地用途的。非农化加剧了我国耕地资源的短缺，危及了粮食生产安全。朱善利（2009）指出，农田一旦变成养鱼塘或者茶园再变成粮田土地要花费很大的代价，这种情况发展下去，我国的粮食安全就没有办法得到有效保障。陈卫群（2009）提出，非农化和非粮化的土地流转，最直接的恶果就是耕地面积持续减少。2020年突如其来的新型冠状病毒性肺炎给世界粮食安全提出了新的考验，我国的粮食安全也需要提高警惕，要特别防止土地流转非农化。

3.3.2 流转土地非粮化

流转土地非粮化是指土地的转入者将转出前本来用于生产粮食的土

地用于生产粮食以外的农产品。流转土地非粮化与流转土地非农化的一个区别在于非粮化是指土地仍然是用来生产农产品但不是粮食，比如生产经济作物、水果、畜产品等，非农化是不再生产农产品而是用于建设用地或工业商业用地，两种的关系是非农化必然导致非粮化，而非粮化并不一定导致非农化。在转让、转包、互换、出租、入股、代耕、拍卖、土地信托、反租倒包、继承、"双放弃，三保障"、"土地换社保，宅基地换住房"、"两分两换"十三种流转模式中，"双放弃，三保障"、"土地换社保，宅基地换住房"、"两分两换"三种模式由于非农化倾向严重，因此非粮化也是必然。在转让、转包、代耕、互换和继承几种模式中是在同一经济组织内部成员之间流转的，并且没有新的生产要素的投入，因此流转土地非粮化现象并不明显。而出租、入股、土地信托、反租倒包四种模式涉及集体经济组织以外的自然人或法人进行经营，又往往涉及较多其他生产要素的投入，转入者为了追求更高的利润，往往放弃经济效益较低的粮食种植，更倾向于种植经济作物、花卉、大棚蔬菜、水果、畜产品等，因此非农化现象是比较明显的。拍卖适合于"四荒"的流转，"四荒"往往在流转前也不是用于生产粮食的，因此也就不存在非粮化的问题。

在市场规律的作用下，转入方改变原来生产要素的配置，将土地要素配置到生产效益更高的非粮生产中是完全符合经济发展规律的，这种情况下会创造更多的价值，企业可以得到更高的利润，农户也可能得到较高租金。但是一些学者担心如果将转入土地大规模地进行非粮生产会危及国家粮食安全。从目前我国粮食生产的情况看，并没有出现影响粮食安全的迹象，因为我国粮食生产已经出现了连续八年增产。笔者认为目前没有影响粮食安全的原因可能有两个方面：一方面可能是粮食单产的增加已经有效地弥补了非粮化所造成的粮食产量的减少；另一方面是非粮化的农业生产如畜产品、水果、蔬菜等可以替代粮食。对于非粮化对粮食安全影响上存在两种观点：一种观点认为将影响粮食安全。张五钢（2010）指出，土地流转的非粮化使粮食播种面积下降，土地由粮田改为设施农业或转为建设用地后，再恢复为粮田将非常困难，因此，土地流转的非粮化威胁粮食生产能力。农业部（2009）认为，目前土地流转中非粮化现象还没有对粮食安全产生明显的影响，但需要引起重视。另一种观点是，土地流转不影响粮食安全。认为通过市场价格机制的调节，其他农产品由于生产过多价格会降低，粮食价格就涨了，人们还是会选择种粮食，土地流转不会影响粮食安全。2020年由于新型冠状病毒性肺炎的影响，一些农民开始未雨绸缪，担心家庭口粮安全，夏季生产的粮食已经存在惜售的情况，如2020年国家粮食和物资储备局公布截至2020年8月5日，主产区小麦累计收购4285.7万吨，同比减少938.3万吨。其中：河北收购355.9万吨，同比减少93.5万吨；江苏收购1083.5万吨，同比减少10.8万吨；安徽收购592.9万吨，同比减少222.4万吨；山东收购661.4万吨，同比减少54.4万吨；河南收购912.4万吨，同比减少538.8万吨；湖北收购139.0万吨，同比增加6.8万吨。主产区油菜籽累计收购70.6万吨，同比减少5.1万吨。

3.3.3 农民利益受损

土地流转中农民利益受损也是存在的主要问题之一。在转让、转包、互换、出租、入股、代耕、拍卖、土地信托、反租倒包、继承、

"双放弃，三保障"、"土地换社保，宅基地换住房"、"两分两换"十三种流转模式中，转让、转包、互换、出租、代耕和继承是发生在农户之间的，流转一般规模小，也没有什么社会影响，因此也不是研究的重点。农民利益受损是指由政府、集体经济组织或企业参与的流转方式中，分散的农户和这些有组织的机构不是平等的关系，在利益博弈中处于劣势，因此才可能导致农民利益受损。具体来说就是入股、土地信托、反租倒包、"双放弃，三保障"、"土地换社保，宅基地换住房"几种流转模式中存在农民利益受损的条件，可能导致农民利益受损。农民利益受损首先表现在决策权上，由于有些地方农民是被强制土地流转的，关于流转的具体内容没有话语权，利益受损情况较多。农民利益受损还表现在企业或其他组织不履行合同义务上，一些企业流转到土地以后，由于生产成本增加、基础设施投入、新技术采用成本增加以及一些不可预料的市场因素等，结果经营的效果没有预期的结果好，便会中途毁约放弃项目跑路。企业毁约之后，政府又不愿意代替企业支付农户的损失，结果也会造成农民利益受损。"两分两换"模式是一种可以避免农民利益受损的模式，原因在于农民有选择是否进行土地流转的权利，通常理性的农户只有看到当选择土地流转能够给他们带来比自己经营更多利益的时候才会决定流转土地，这可以有效保护其经济利益。据典型调查，在城市近郊，农户种植一亩土地的蔬菜等经济作物，其纯收入高的可达近万元，且收入比较稳定，并不比外出务工的收入低。一些地方在土地流转中采取了大力鼓励和吸引工商资本进入农业的经营模式，流转合同以较长的租赁期限承租大面积耕地，并把每亩土地的租金收益通过比照种粮产量和价格的方式长期固定在一个水平上。虽然从当时签订的土地流转租金来看并不低，农民完全可以接受，但随着未来土地价值的上升，农民土地流转收益"低位固化"的问题就越来越突出，农民会明显感到吃亏，由此即会产生土地转入方与农户的矛盾。可见保护农民利益的最好方法就是给其选择权。

3.3.4　土地流转方式创新可能出现违背中央政策目标

中央为我国农村土地流转规定了"不得改变土地集体所有性质，不得改变土地用途，不得损害农民土地承包权"的基本要求。但是在转让、转包、互换、出租、入股、代耕、拍卖、土地信托、反租倒包、继承、"双放弃，三保障"、"土地换社保，宅基地换住房"、"两分两换"十三种流转模式中，转让、转包、互换、出租、代耕、拍卖、继承这几种流转方式基本上可以做到这三点。而入股、土地信托、反租倒包、"双放弃，三保障"、"土地换社保，宅基地换住房"、"两分两换"这几种流转方式中有的做法已经突破了"三不"的底线。并且中央是不提倡工商企业长时间、大面积租赁和经营农户承包地的。真正鼓励的是在农村发展家庭农场、农民专业合作社、种粮大户等。但调查显示，许多地方促进现代农业发展的扶持奖励政策主要是以土地流转年限的长短、土地流转面积的大小、资金投入的多少作为评判标准，客观上导致农业支持政策的直接受惠对象主要是工商企业，而大量农民直接受益的程度并不高，可见，政府的现代农业扶持主体定位出现了明显偏差。目前学者们对于入股、土地信托、反租倒包、"双放弃，三保障"、"土地换社保，宅基地换住房"、"两分两换"这几种流转方式也有反对声音，尤其是认为反租倒包、"双放弃，三保障"、"土地换社保，宅基地换住房"、"两分两换"这些土地流转方式是逼迫农民上楼，地方政府的意图是低价从农民手中获得土地并以高价卖出从中获取利益，由于农民的生活方式被迫改变，对农民来说既不公平也不合理，不公平是指政府和企业把土地增值收益中的大部分利益占有，农民得到较少；不合理是指社会保障本身是政府应该提供的公共物品，不应该将放弃农村土地经营权作为获得社会保障的条件。

虽然目前有些土地流转方式不太符合中央的意图，但是从农民利益的角度来说也不能够全盘否定。有的地方所做的土地流转虽然由政府主导，但是农户是结合自身情况决定是否流转的，符合农民自愿的原则。对于土地转作非农用途是由于我国没有建立统一的城乡土地市场所造成的，与现行的政府征地政策相比，通过土地流转农民所得到的收益要多一些。

3.4　我国未来农业发展对土地流转的要求

近年来随着我国城市化水平提高，城乡居民的饮食结构发生了很大变化，对粮食的数量和质量都有了新的要求，未来我国农业发展需要满足粮食数量安全、粮食质量安全，同时要和二、三产业的发展相协调。这就为我国未来土地流转提出了要求：土地流转要与人多地少的国情相适应；土地流转应主要发生在粮食生产主体间以确保粮食数量安全；土地流转要面向适度规模经营以发展现代农业，提高粮食质量安全水平。

3.4.1　土地流转要与人多地少的国情相适应

国际经验表明土地规模化经营需要循序渐进，根据我国人多地少的国情，对土地规模化更要有耐心，要尊重农民意愿，不能强制推进，这既是一、二、三产业协调发展的需要也是社会稳定的需要。在美国，农业规模化过程也经历了从 1910—1990 年约 80 年的时间（新华网，2014），而我国需要考虑大量农业人口的就业问题，土地流转就变得更加复杂。陈锡文（2013）曾指出中国有 18 亿亩耕地，按平均一个家庭经营 100 亩计算，只需要 1800 万户就够了，而第二次全国农业普查显示我国有农户多达 1.98 亿户，这样需要转移出去的比例为 90% 以上。土地对农民来说最基本的功能是提供口粮、增加收入、社会保障和就业，这表明土地流转的前提是二、三产业有足够多的就业岗位可以提供给转移的农民，这短期内显然是无法做到的。最关心农民利益的是农民自己，因此土地流转不损害农民利益就要尊重农民的意愿，不能够强制流转，要保障农民选择流转与否的权利。

3.4.2　土地流转应主要发生在粮食生产主体间以确保粮食数量安全

我国粮食生产虽然出现了十二连增，但是未来随着城乡人口比例的变化，对粮食的直接需求和间接需求都在不断增加，这加大了未来粮食生产的压力。陈锡文（2013）根据 2011 年的统计数据计算，城镇居民每人消费主要农产品种类中新鲜蔬菜、食用植物油、猪牛羊肉、家禽、禽蛋要分别比农民多出 28%、24%、51%、136%、87%。猪牛羊肉、家禽、禽蛋的生产离不开饲料用粮，是对粮食的间接消费。我国目前每年从国际市场上进口的粮食、棉花、油料、糖、奶、肉如果都放在国内生产是不可能完成的。韩俊（2014）曾指出2010年我国进口的大豆和食用植物油等于在国外使用了7.6亿亩播种面积。事实上这几年我国农产品进口在不断增加，粮食、棉花、油料、糖、奶、肉都算在一起则利用的国外耕地更多，另外国际市场上粮食、油料等供给量是有限的，这表明我国的粮食数量安全是非常脆弱的。中国土地流转的目的要优先保障粮食数量安全，因此土地流转应主要发生在粮食生产主体之间，确保土地流转前后都被用来生产粮食。要避免土地流转过程中出现非粮化，更不能出现非农化。现有土地流转中出现的一个较为突出的问题就是耕地的非粮化和非农化，通过近年来粮食产量十二连增的情况看，这种现象近期还没有影响粮食安全，但是如果不进行制止，长期发展下去必然影响粮食安全。政府支持土地转入的主要主体应是生产粮食的专业大户、家庭农场和农业合作社，确保农地农用。

3.4.3　土地流转要面向适度规模经营以发展现代农业

提高农产品（主要是粮食）单产和质量都离不开现代农业技术，发展现代农业的一个基本条件是规模经营，这样才能够采用先进的农业生产技术和提高农产品质量。对于我国来说，规模经营的规模究竟为多大比较合适是需要研究的问题，目前无论是政府官员还是研究人员都普遍认为我国农户平均经营规模偏小，规模经营已经形成共识。但是规模过大也不现实，一是因为我国现有农户多，农户经营规模过大必然导致大量农户向非农产业转移，短期内无法做到；二是如果经营规模过大，只依靠家庭成员之间的分工和协作是无法完成的，容易导致二次转包或非粮化、非农化。对于适度规模经营党国英（2013）认为平原地区家庭农场经营大田作物的不能超过300亩，经营蔬菜不能超过30亩，规模再大就容易形成二次转包。陈锡文（2013）认为我国大部分家庭农场的规模应在几十亩到上百亩，东北地区可以达到上千亩。据农业部统计，截至2012年年底，全国30个省、区、市（不含西藏）有家庭农场87.7万个，其中经营规模50亩以下的有48.42万个，占家庭农场总数的55.2%；50—100亩的有18.98万个，占21.6%；100—500亩的有17.07万个，占19.5%；500—1000亩的有1.58万个，占1.8%；1000亩以上的有1.65万个，占1.9%。可见在我国大部分地区家庭农场的经营规模在100亩以下，土地流转要逐渐扩大这些中小型家庭农场的规模为现代农业提供条件。

第 4 章

不同农地流转模式的动因分析

土地流转之所以能够产生，其根本原因是由于利润的存在，但利润的存在并不意味着一定能够流转，关键还要看利润为谁控制以及为谁所分配占有。这分别涉及剩余控制权及剩余索取权。因此，本章计划从不同农地流转模式的动因之源、剩余控制权、剩余索取权三个角度进行分析。

4.1 不同农地流转模式的动因之源

土地承包经营权流转制度是一种诱致性制度变迁而非强制性制度变迁，诱致性制度变迁发生的原因就在于参与交易的主体通过制度规则的变化，能够导致不同主体的利益均有所改善而不是恶化。土地流转中不同主体交易利益来源于土地能够带来利润，在利润规律的指引下，土地流转才有可能发生。在农产品价格比较稳定的情况下，土地质量、经营方式和交易费用决定土地利润的来源。

4.1.1 土地质量

农业生产函数中的生产要素一般包括资本、劳动、农地和生产技术等，这些不同的生产要素性质不同，它们对产出的影响方式也不一样，从而对利润的影响也有区别。在此首先讨论这些生产要素的性质及它们对产出的影响，然后分析农地质量对利润的影响。

4.1.1.1 土地质量的性质

经济学理论认为在技术不变的条件下生产所需要的基本要素是资本和劳动，由于农业生产的特殊性，农业产出不但受资本和劳动的影响，而且农地质量对农业产出也有重要影响，在有些情况下甚至是起决定性作用的。连同生产方式和技术进步考虑在内，农业生产函数可以表示为 $F(x) = \lambda f(l, k, t, q)$。函数中的 l 表示劳动投入，k 表示资本投入，t 表示生产方式不变条件下农业技术进步，q 表示农地质量，λ 表示生产方式，可以是现代农业生产方式，也可以是传统农业生产方式，其区别在于劳动、资本、技术、土地的配置方式不同，从而要素的产出效率也不同。

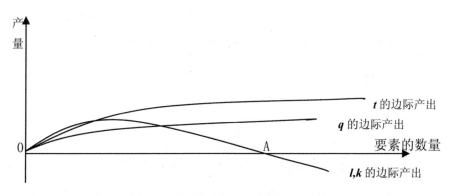

图 4 - 1 农业各生产要素的边际产出变化

土地质量。土地的质量对作物的单产会产生很大的影响，质量差的土地，即便是其他生产要素投入得再多，也不会获得很高的产量，质量好的土地可以使农户持续地获得高产，其边际产出会始终大于零。土地质量对产出的影响与劳动和资本不同，根据经济学理论，劳动和资本投入受边际产出递减规律的影响，最终它们的边际产出会变为零甚至为负值。如图4-1所示，劳动和资本的投入数量在A点之前是正值，能够促进总产出的增加，当超过A点，不但不能促进总产出增加，反而减少总产出。土地质量q的边际产出曲线始终位于X轴的上方，土地质量的提高会促进总产出的增加。不过土地的质量难以改变，原因在于土地不能在空间上自由流动，受自然条件的影响比较大。土地作为农业生产必不可少的要素，与可以在不同空间自由流动的资本和劳动力要素不同，由于不能够在空间上转移，结果在我国人多地少及人为因素的影响下，土地细碎化成为比较普遍的现象，这增加了土地质量提高的成本，比如农户的一口灌溉井不能灌溉到所有的地块，要灌溉到多个地块需要多打井，必然增加成本。土地由于受自然因素的影响，在一些山区，即使不考虑人为因素，土地也无法实现连片种植和改善其土壤的贫瘠程度。在这些地方，土层较薄，要想增加土层的厚度成本很高，农田基本水利设施也很难建设。可见，土地质量的边际产出大于零，但质量难提高。

4.1.1.2　土地质量对利润的影响

土地质量的高低可以用作物的单产衡量，可以简单地以全国平均单产为分界线，高于平均线越多，质量越高；低于平均线越多，质量越低。根据2019年的统计年鉴，水稻、玉米、小麦的平均单产分别为

7026 千克/公顷、6104 千克/公顷、5416 千克/公顷。水稻单产每公顷超过 7026 千克/公顷平均值较多可认为是高产，玉米单产每公顷超过 6104 千克/公顷平均值较多可认为是高产，小麦单产每公顷超过 5416 千克/公顷平均值较多可认为是高产。土地质量和生产方式对利润的影响如下：

（1）低质量土地可能导致净利润为零甚至为负值。农业的净利润受到农产品价格、生产成本和作物单产的影响，而作物的单产又受土地的质量影响比较大，从而土地质量对农业的净利润影响也比较大。目前，虽然在我国一些地区土地的质量较低，农业生产的净利润几乎为零，但农户仍然经营，其原因在于农户种植农作物的首要目的是为了解决家庭的口粮问题。这种情况下，农户采用传统的生产方式，依赖资本和劳动的投入，不计成本的生产，尤其是不计劳动的投入。如图 4-2 所示，农民在 A 处生产，虽然农业生产的总平均成本（TAC）超过了总平均收益（TAC），但扣除劳动投入的成本后的平均成本（NLAC）不超过总平均收益，农民将选择种植农作物以保障家庭粮食安全。农户种地没有净利润，净利润为零甚至为负值（考虑劳动成本），农民种地的积极性比较低，农户种植作物的面积主要由口粮的数量决定，种植面积过多则意味着劳动投入的浪费。

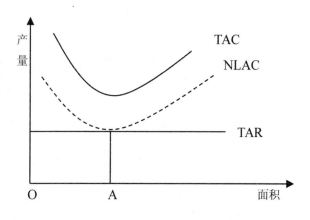

图 4-2 经营低质量土地的净利润情况

（2）高质量土地使净利润大于零。质量高的土地使土地的单产较高，与质量低的土地相比，可以获得更高的收益。我国实施新农业政策后，全面取消了农业税并实施了农业补贴和粮食保护价收购等一系列的政策，在此条件下，大部分经营较高质量土地的农户都能够有净盈利。如图4－3，农民在A′处生产，种地的总平均收益（TAR）不但大于不计算劳动投入的平均成本（NLAC），而且也大于将劳动投入计算在内的总平均成本（TAC）。在这种情形中，由于有一定利润的存在，农户种地的积极性较高，除了耕种必要面积的土地以确保自己家庭的口粮安全外还会将剩余的耕地也耕种以增加家庭收入。虽然从总体上看，近年来种植业收入在农户家庭收入中的比重不断下降，但是对于中西部地区，种植业收入仍然占较大比例，对部分农户来说甚至是主要收入，农户对种植业收入比较重视。

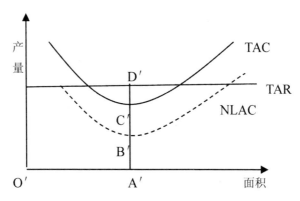

图4－3　经营高质量土地的净利润情况

4.1.1.3　土地质量对土地流转市场供求的影响

土地质量和生产方式首先影响到农业生产者的净利润，净利润的多少又会影响转入或转出者的流转意愿，进而对土地流转的供求关系产生影响。

（1）低质量土地很难流转。低质量土地的产出效率较低，有可能导致净利润为零，如果不计劳动力成本还会有一定的毛利润。这种情况下，农户如果将土地转出，损失的是毛利润，实际上对于质量低的土地，单位面积上的毛利润很少，而转出的农户则可以把劳动资源配置到其他方面，由于农业部门的比较利益低下，把劳动力资源配置到其他方面可以弥补这部分损失甚至是获得更多的收益，因此有不少农户想把低质量的土地转出，这形成了土地流转市场的供给方。与转出方相对应，土地的转入方可以得到毛利润，这部分毛利润实际上就是劳动报酬，由于单位面积上的毛利润很少，将其折算成劳动价格也很低。由于我国农户承包的土地面积有限，转入户不但从单位面积上获得的收益少，而且总的收益也很少，即使转出户不向转入户索要任何收益，愿意转入的农户很少，在土地流转市场上就会形成需求不足。低质量土地会导致土地流转市场供给有余而需求不足，供给和需求不匹配，最终导致土地无法流转。理性的农户在满足家庭粮食安全的情况下，最终撂荒一部分土地或选择季节性的撂荒，但这并不影响农业补贴的收入，因为我国惠农政策的实施不与实际播种面积挂钩，只与承包的耕地面积挂钩。

根据作者2015年7月份在河南省豫西山区县嵩县和西峡县调查的情况，虽然目前粮食价格有了很大的提高，一些土地撂荒的现象仍然存在，一些农户的耕地想转出，但是无人转入，只好以粗放的方式经营。调查中有少数几户的土地发生了流转，但交易的主体也仅限于亲戚之间，流转通过口头协议的方式完成，转出方不收取任何租金，种地补贴归转出方（原承包人）所有。调查中发现该地方的土地流转市场不是供给不足而是需求不足，究其原因，由于该地区是山区，土地质量较差、农业基础设施建设困难、耕地的面积狭小、农业机械应用困难、自然灾害频发、田间管理难度大、劳动投入量大且粮食单产较低，每公顷小麦和玉米的产量仅有 3000 千克左右，从事种植业几乎无净利润，这些土地的质量改善成本很高，远非一家一户所能够负担，即便能够改善，投资的回收期很长，理性的农户通常情况下不会为改善土地质量进行投资。当地农户种粮的目的是为了保障家庭的粮食安全，依靠种植粮食增加家庭收入比较困难，不少农村劳动力外出务工或经营其他行业，种植业收入在整个家庭收入中所占的比重有所下降。由于当地农户普遍不愿意多种粮食，于是就出现了土地"裸转"（转出户保留获得补贴权且不向转入户收取任何报酬），甚至是季节性撂荒。有一个乡镇的四个村从 2006 年以来所有农户的种植方式都由原来的"冬小麦—夏玉米"改为种植春玉米，利用空闲时间从事其他经营，然后利用其他经营的收入从市场上购买面粉弥补季节撂荒的损失。

（2）高质量土地也不易流转。高质量土地的产出效率较高，即使考虑劳动成本还会有一定的净利润，这得益于一系列惠农政策的实施。从 2003 年以后，中央相继出台了一系列惠农政策，比如农业税的减免、种粮补贴、良种补贴、农业综合补贴和粮食保护价收购。这使得地处平原地区拥有高质量土地的农户可以获得较多的利润。由于我国农业生产在大部分地区仍然是传统农业生产方式，其对劳动者的素质和技能的要求较低，这样农户家庭中的成员可以根据其能力不同进行分工，受过较好教育和年富力强的青壮年劳动力转移到边际收益更高的非农产业中，而那些不能到非农产业工作的家庭成员仍然可以留在家务农，一方面可以解决家里的口粮问题；另一方面也可以增加家庭的收入。在这种情况下将土地流转出去，对农户来说将是一种损失，而且损失较多，结果在土地流转市场上形成供给不足。由于转入土地有利可图，一些专业务农的农户有转入土地的意愿，形成了土地流转市场上的需求。高质量土地会导致土地流转市场需求有余而供给不足，最终导致土地仍然不易流转。

根据笔者2015年7月在河南省地处平原的郸城县所进行的调查，一部分农户认为自己的耕地较少，有转入耕地的意愿，但是愿意转出的农户不多。根据笔者的调查，当地每公顷玉米和小麦的产量都在7500千克左右，按照当地的"冬小麦—夏玉米"一年两熟的种植模式并结合2015年市场上粮食的价格计算，每公顷的土地毛利润（利润中不扣除劳动力价格）在7000元左右。平原地区土地质量较高，农业基础设施较为完备，对自然灾害的抵御能力强，部分农户农忙季节可以雇用大型机械作业，田间管理比较容易，留守在家的家庭成员有能力经营承包的土地，因此大部分农户不愿意转出土地。这种情况并非只发生在笔者所调查地区，其他学者的研究也表明了这一点。虽然我国有大量的农村劳动力转向非农产业，但农业产出仍然得以维持和提高，这表明短期内劳动力转移对农业产出影响有限。目前我国的农业劳动者被戏称为"六一、三八、九九"，这些分别是指儿童、妇女和老人常年留守在农村务农，他们构成了农业生产的主力军，一般劳动强度不大的农活他们可以从事，对于劳动强度大的，农户也可以借助于农业机械或社会化服务进行解决。对于那些没有家庭成员常年留在家里务农的家庭来说，他们是否流转土地的意愿取决于他们劳动力转移的程度，那些就地转移的务工者会根据农业生产季节性的特点，有选择地安排务工时间，避免务农与务工时间产生冲突。因此在土地质量比较高的地区，专业农户和兼业农户转出土地的意愿都不大。只有劳动力转移比较彻底的农户才面临务农还是务工两者择一的竞争性选择，这类农户会通过非农边际收益和农业边际收益的比较进行取舍，在经济发达的沿海地区两者的边际收益差别较经济欠发达地区要大，愿意转出的农户比例比中西部地区高一些。

4.1.2　生产方式

农业生产方式对产出有重大影响，而产出又会进一步地影响利润，因此生产方式也会影响到土地流转。

4.1.2.1　生产方式的性质

生产方式。生产方式对农业生产效率有巨大的影响，面积相同的土地上，由于生产方式的差异，有可能会引起收益的巨大差异。现代的生产方式有很高的生产效率，传统的生产方式生产效率较低，不同生产方式的区别主要在于采用的技术内容不同，从而对资本、劳动的配置比例要求不同。比如在传统的农业生产方式中，劳动投入占相当大的比例，资本投入相对较少，并且劳动和资本的投入要按照一定的比例进行配置才能达到最优，当其中一种生产要素的投入不变时，另一种生产要素的投入再多，也不能增加产量，因此劳动和资本的边际报酬递减。在生产技术发生较小改变的情况下，农业生产方式没有发生改变，但对劳动和资本配置的比例要求也可能发生一定的变化，生产同样数量的产品，如果技术进步是劳动节约型，将会要求减少劳动的投入；如果技术进步是资本节约型，将会要求减少资本投入。在生产技术发生较大改变的情况下，生产方式也发生了改变，在资本和劳动相同的情况下，总产出效益会大大增加。无论是在传统的农业生产方式中还是现代的农业生产方式中，都包含有技术的成分。一般来说，传统农业生产方式中，农业技术对产出的贡献与现代生产方式相比要小得多。不过两者没有截然的边界，随着传统农业生产方式中技术积累越来越多，传统农业生产方式就渐渐地演变为现代农业生产方式。可见，生产方式改变和技术进步的关系是生产方式改变一定包含技术进步，但技术进步不一定引起生产方式的改变。现代生产方式比传统生产方式生产效率更高的根本原因是因为技术进步的边际产出始终大于零。如图3-5所示，技术进步的边际产出始终位于 X 轴的上方，这意味着技术进步将促进农业产出的增加。由于现代生产方式比传统生产方式相比包含有多项重大的技术进步，因此边际产出要大得多，生产效率也要高得多。

4.1.2.2 生产方式对利润的影响

与传统农业生产方式相比，现代农业生产方式依靠的是技术进步。农业的经营者可以集约化利用土地，使土地的生产效率更高，单位面积土地上的净利润会更高。如图4-4，现代生产方式的总平均收益（NT-AR）要明显高于传统农业生产方式的总平均收益（TAR），生产者（专业农户或企业）在 A″处生产，总平均收益（TAR）不但远远大于不计算劳动投入的平均成本（NLAC），而且也远远大于将劳动成本计算在内的总平均成本（TAC）。这种情形下，农户如果将土地转出，单位面积将损失 C″D″所表示的净利润，转入的生产者将会获得更多的净利润 C″E″，显然 C″E″要比 C″D″大得多，这些超额净利润来源于先进生产技术的采用。可见生产方式转变的结果有可能在劳动和资本投入不变的情况下创造更多的价值。但是生产方式转变的过程往往需要较多的资金进行技术改造，比如购买现代化的生产设备。这些设备往往形成固定资产，固定成本的降低取决于生产规模的扩大，因此这种现代生产方式的效益只有在大规模生产时才能显现出来。

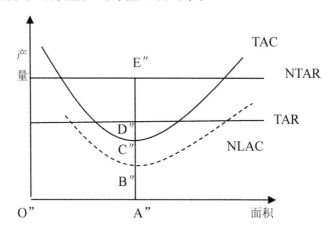

图4－4　改变生产方式的净利润情况

4.1.2.3　生产方式对土地流转市场供求的影响

比较利益低下是传统农业的一个显著特点，根据张红宇（2005）的研究我国农业劳动的生产效率仅为第二产业的1/8 和第三产业的1/4。引起农业比较利益低下的原因在于人均耕地面积少，农户耕地细碎化严重。这导致家家户户小块土地经营，农业劳动力得不到充分利用，农业机械化和农业技术推广发展缓慢，农户从土地中所获得的收入有限，同时由于交易费用巨大而难以获得金融机构的支持。这种情况下，农户进行技术改造的动力也不足，一方面没有资金投入；另一方面一旦投入，成本回收十分缓慢，并不是理性的选择。由于交易费用过高，农民无法有效地组织起来联合进行农业技术升级和农业生产方式改造，正因为如此，我国大部分农民的农业生产方式仍然是传统的。

20 世纪 80 年代农业部曾在广东省海南等地进行股份合作制试验并获得了一些成功的经验，90 年代后，又在广东、福建、江苏等发达地区推广。郭铁民等（2001）认为股份合作制之所以能够在沿海经济发达地区发生的原因就在于农户积累了一定的资金和技术，集体经济组织能够把这些农民组织起来进行生产方式改造，以获得更大的收益。余伟基（2003）认为土地股份合作制的建立可以对土地进行合理的规划和布局，这能够克服分散经营和摞荒问题，调整农业结构，进行现代农业生产。胡亦琴（2002）研究了浙江的衢州市柯城区的反租倒包情况，其具体做法是村集体在征得农户同意的情况下，集中从农户那里以每公顷 6000 元的价格租地，付租金给农户，然后再发包给专业户、工商户，转入土地的专业户和工商户进行资金投资，在专家的指导下采用现代化的生产方式进行花卉生产。转出土地的部分农户可以到专业户和工商户兴办的企业中务工，获得工资性收入，土地的流转双方都很满意。根据笔者的调查和收集的资料显示入股、反租倒包、土地信托、"双放弃，三保障"、"土地换社保，宅基地换住房"、"两分两换"等土地流转形式一般会改变土地大田作物种植模式，常见的是将大田改造为设施农业种植花卉、大棚蔬菜或生产畜产品，采用现代化的生产方式，生产效率比传统的大田生产方式更高，经济效益更好。这些土地流转方式能够取得较好的经济和社会效益，但是这些流转方式需要资金的投入和选择合适的技术项目，由于资金和技术的稀缺性使得这两种流转方式只在一些个别地方得到发展，并没有形成大面积的土地流转。从全国范围看经济发达地区由于资金和技术供给相对充足，因此这几种流转模式主要集中在经济比较发达的地方。

4.1.3 交易费用

交易费用本身并不直接影响利润，但其直接影响交易的达成。如果交易费用过高，土地流转无法达成，所谓利润也就没有意义了。土地流转过程中主要有以下交易费用：（1）土地集中的交易费用。农户土地集中的交易费用就应该包括该用地主体为集中土地投入的时间、物资、货币等成本。而地方政府的补助和奖励措施，可以看作当地政府在承担土地集中的部分交易费用；（2）土地信息发布的交易费用。在土地供需信息平台尚未形成，供需双方的信息不能得到有效沟通的情况下，土地供给户往往找不到合适的土地受让者。农户土地承包经营权信息，包括土地面积、位置、等级、意向价格等，政府需要收集、发布并建立土地流转档案，再传递给合适的用地主体，就需要投入一定的资源，这些资源构成交易费用的一部分。有些地方政府在县、镇两级建立土地承包经营权流转信息收集、发布的平台，这可以看作当地政府通过市场建设来减少农户交易费用；（3）寻找土地信息的交易费用。在土地供需信息平台尚未形成的情况下，需要土地的经营大户、企业往往难以找到合适的土地出让者，信息沟通不顺畅严重制约了土地承包经营权流转。用地主体在寻找合适的土地承包经营权上需要投入一定的资源，形成了交易费用；（4）签订合同的交易费用。农户和用地主体在签订合同的过程中，需要进行政策咨询和价格协商，发生纠纷之后需要进行协调。需要有专门的服务机构为土地流转双方提供信息指导、政策咨询和法律服务，并且服务机构可以在承包方授权范围内，参与土地流转谈判，并对土地流转合同的订立、变更进行签证等。这个过程中农户和用地主体需要承担一定的交易费用；（5）确保合同执行的交易费用。鉴于土地承包经营权的高度专用性，土地承包经营权流转合同具有较高程度的不确定性。为了确保合同的执行，用地企业请村集体和基层政府出面进行协调，需要付出一定的交易费用。用地主体在保证合同正常执行上一般要产生一定的交易费用。

4.2　农地流转中剩余控制权分析

农村土地流转中受多个因素的影响，但归根结底是受利益的驱动。这些流转模式中产生可分配利润的来源有两种情况：一是在不改变种植结构和不改变种植制度的传统耕作模式情况下，利润产生于放弃土地的机会成本。在这种情况下，如果转出户不愿意或无能力经营，必然导致没有任何收益，更重要的是如果连续两年撂荒按照法律规定将会被集体收回。如果转出去一是可以避免被收回，二是可以分享一些产出收益。转入农户同样也能分享一部分收益，如果不转入，农户可能因自己的农业用地少，不能够充分发挥其经营能力，导致劳动力剩余或部分时间闲暇。二是在改变种植结构或种植的制度的现代经营模式情况下，利润产生于新投入要素所带来的利润增加，主要是因为生产效率提高引起的。在设施农业、生态农业、高效农业、畜牧养殖中都有大量的资金投入，生产要素之间的比例发生了变化，劳动或资本的生产效率往往比传统模式有较高的提升，单位土地上所能够产生的利润比传统模式下要多，也是利润分配的基础。

有了利润并不意味着对所有人都有激励作用，关键在于利润被谁所控制（剩余控制权），为谁占有（剩余索取权）。在制度经济学中剩余控制权是相对于契约收益权而言的，指的是对企业法人或单位收入在扣除所有固定的合同支付（如原材料成本、固定工资、利息等）的余额的要求权，即剩余控制权就是对纯利润的控制权，如对利润的使用、支配、处置等权能。由于只有所有者才有这种权力，所以它们直接就被用来定义所有权了。既然剩余控制权就是所有权，那么它也就具有通常所说的有效所有权的一些性质：一是普遍性。任何资源，只要它的稀缺性被人们感觉到，人们就会以某种方式确立对它的剩余控制权。而在讨论相关问题时，都是以私有产权作为前提的，所以，在这种假定下，剩余控制权是普遍存在的，任何资产，都有人对它拥有剩余控制权；二是排他性。任何产权清晰的资产，它的所有权一定具有排他性，这样，剩余控制权才能使所有者以极大的积极性有效地使用资产，将资产交给最能有效使用资产的人；三是可分割性。承认了剩余控制权的可分割性，那么我们在分析大股东与作为其代理人的经理关系时，股东就将与股东权利相联系的剩余控制权留给自己，而将与经营相联系的剩余控制权委托给经营者；四是可让渡性。这是资产和资源从低价值利用向高价值利用转移，是从并非最有能力利用它们的人那里向最有能力利用它们的人那里转移的保证。土地流转也是一种交易，土地流转中的剩余控制权就是利润为哪个主体占有的问题。

4.2.1 转让模式的剩余控制权

转让模式的剩余控制权完全归转入的农户所有。在转让的情况下，转出农户将完全丧失土地承包经营权，转入农户取得土地承包经营权。农户取得流转的承包经营权后就拥有对土地的使用权和收益权。转入农户在合同规定的范围内可以自由地决定怎么使用土地，转入户是生产要素的投入方，是经营过程的管理者，是最终产出的所有者，是销售收入（包括利润）的取得者，是利润最终获得者，因此也是剩余控制权持有者。在有报酬转让的情形下（自愿放弃耕地），转入方按照合同规定的补偿方式向转出方支付。这种流转方式通常情况下不改变种植结构和种植制度，生产的利润也比较少，对剩余控制权的拥有者是农户，转入和转出方是平等主体之间的博弈，在转入方拥有剩余控制权的情况下，转出户可以有效地保护和取得自己的利益。在无报酬转让的情况下（农转非），转入方无须向转出方支付相应的补偿，拥有完全的剩余控制权。

4.2.2 转包模式的剩余控制权

转包模式的剩余控制权归转入的农户所有。农户取得流转的经营权后就拥有对土地的使用权和一定的收益权。转入农户在合同规定的范围内可以自由地决定怎么使用土地，转入户是生产要素的投入方，是经营过程的管理者，是最终产出的所有者，是销售收入（包括利润）的取得者，是利润最终获得者，因此也是剩余控制权持有者。但是转入者对剩余控制权的大小与契约的内容有很大关系。如果合同规定转出者可以直接占有一定数量的经营成果，这种情况下转出者和转入者都有一定的剩余控制权，但具体的比例由双方约定。如果转出者不是直接占有劳动成果而是首先由转入者占有而然后由转出者索取这种形式，则转入者拥有完全的控制权。转包流转方式通常情况下也不改变种植结构和种植制度，生产的利润也比较少。对剩余控制权的拥有者是农户，转入和转出方是平等主体之间的博弈，在转入方拥有剩余控制权的情况下，转出户可以承担较小风险保护和取得自己的利益。

4.2.3　互换模式的剩余控制权

互换模式的剩余控制权归互换后的农户所有。农村土地经营权互换后，农户分别得到了相应的农业土地，双方所要求的其他附加条件一般都会在互换前达成一致。互换后，农户之间的土地承包经营权也进行了互换。双方不存在相互的权利和义务，都拥有对互换后土地产出成果的剩余控制权。土地互换后，农户可以根据自己的决策确定如何使用土地，如何经营管理，无论其产出成果的多少以及最终产生利润的多少都由转入的双方各自占有。在互换的模式中双方通常是平等主体之间的一次性博弈，通常又在同一集体经济内部成员之间发生，互换的农户利益可以得到保障，几乎没有任何风险。

4.2.4　代耕模式的剩余控制权

代耕模式的剩余控制权的归属要视情况确定。由于代耕模式一般发生在社会关系比较亲近的成员之间且时间一般不超过一年。在这种情况下，亲近社会关系间的重要程度往往超过报酬的重要程度，农地的产出往往被当作一种"礼物"相送来突出社会关系的重要性。一种情况下是转入方以"助亲为乐"，只是当作帮转出方的忙而不收取任何报酬，这种情况下转出方仍然有完全的剩余控制权。另一种情况是转出方让转入方经营而不收取任何报酬，这种情况下转入方具有完全的剩余控制权。第三种情况是转入方和转出方都能够做到"亲兄弟，明算账"，将土地的产出实物按照一定的数量比例分别作为转入和转出方的报酬，这种情况下剩余索取权归双方共同占有，具体比例由双方商定。

4.2.5　出租模式的剩余控制权

出租模式的剩余控制权归转入的农业大户或企业所有。租入者取得流转的经营权后就拥有对土地的使用权和收益权。转入农户在合同规定的范围内可以自由地决定怎么使用土地，转入户是生产要素的投入方，是经营过程的管理者，是最终产出的所有者，是销售收入（包括利润）的取得者，是利润最终获得者，因此也是剩余控制权持有者。转入方按照合同规定的报酬支付方式向转出方支付。这种流转方式中转入和转出方是比较平等主体之间的博弈，在转入方拥有剩余索取权的情况下，转出户可以风险较小地保护和取得自己的利益。

4.2.6　继承模式的剩余控制权

继承模式的剩余控制权归转入者所有。继承流转模式情况下，转入户（继承户）一般为死者（被继承方）的近亲属。通过继承流转取得土地承包经营权的农户在继承土地上享有的权利和农户自己承包的土地是一样的。继承户可以自由地决定怎么使用土地，转入户是生产要素的投入方，是经营过程的管理者，是最终产出的所有者，是销售收入（包括利润）的取得者，是利润最终获得者，因此也是剩余控制权持有者。继承者无须再支付任何报酬，生产的利润全部归继承者所有。

4.2.7 在入股模式中的剩余控制权

在入股模式中，剩余控制权归转入的企业法人或集体组织（合作社）等所有。因为转入法人企业或集体经济组织是生产要素的投入方，是经营过程的管理者，是最终产出的所有者，是销售收入（包括利润）的取得者，是利润最终获得者，也是利润分配的决策者，因此也是剩余控制权持有者。这种流转模式中转入方可能改变生产模式，引入现代的生产技术或要素，从而产生较多的利润（单位面积土地上产生的利润和总利润），因此也产生了较大的剩余控制权。转入方按照合同规定的报酬支付方式向转出方支付，现实中这种支付报酬的方式通常为现金而非实物，转出户几乎没有取得剩余控制权的机会。但是与农户间的土地流转不同的是，农户与企业法人或集体经济组织之间是不平等的主体，在利益博弈中农户处于劣势地位，在转入方拥有剩余控制权的情况下，转出户保护和取得自己利益的风险较大。现实土地流转过程中转出户利益受损比较严重的案例经常出现在农户和企业法人及集体经济组织之间，而农户之间土地流转发生矛盾的较少且影响也较小。

4.2.8 在拍卖模式中的剩余控制权

在拍卖模式中，剩余控制权归转入的个人或企业法人等所有。拍卖主要是集体的"四荒"地，转入者需要投入较多治理费用并且回报期较长。这种模式中转出方通常为集体经济组织（村两委）代表全体成员作为合同的一方。在这种模式中，转入方是生产要素的投入方，是经营过程的管理者，是最终产出的所有者，是销售收入（包括利润）的取得者，是利润最终获得者，因此也是剩余控制权的第一持有者。转入者在获得剩余控制权之后，通常按照合同的规定要首先向集体经济组织的代表（村两委）支付一定的报酬，这样村集体经济组织的代表会获得一定的报酬。村集体经济组织的代表获得一定的报酬后也就获得了相应的剩余控制权，普通的集体经济组织成员能否获得最终好处在不同的地方有很大差异。有的地方将村集体取得的报酬分发给每一个成员，有的地方村集体并没有发放给成员。这种模式中常见的情形是村集体经济组织可以从转入者那里获得收益。集体经济成员与集体经济组织之间的利益博弈出现不均衡，成员的利益得不到有效保证。

4.2.9　土地信托模式中的剩余控制权

在土地信托模式中，剩余控制权分别归信托中介组织和转入的法人或个人所有。这种模式中从信托中介组织转入土地的法人或个人是生产要素的投入方，是经营过程的管理者，是最终产出的所有者，是销售收入（包括利润）的取得者，是利润最终获得者，因此也是剩余控制权的第一持有者。但是转入的法人或个人需要向信托中介组织支付一定的报酬，中介组织获得这部分报酬后就取得了这部分报酬的控制权。中介组织将这部分剩余控制权按照一定比例将其分为两部分，一部分归中介组织所有，一部分返还给土地的转出户。转出户要想获得应有的报酬首先要由转入户放弃一部分剩余控制权给信托中介组织，然后信托中介组织再放弃一部分剩余控制权给转出户。因此这个过程中涉及两个剩余控制权的获得与放弃的过程，每个过程都有两个主体在剩余控制权的归属上进行博弈。这种博弈中由于有正式的规范样本合同版本，有法律作保障，不确定风险较小。

4.2.10 反租倒包模式中的剩余控制权

在反租倒包模式中，剩余控制权归转入的企业法人和集体组织等所有。反租倒包方面最终的转入者是法人企业或集体经济组织，他们是生产要素的投入方，是经营过程的管理者，是最终产出的所有者，是销售收入（包括利润）的取得者，是利润最终获得者，也是利润分配的决策者，因此也是剩余控制权第一持有者。集体经济组织是中间转入者和转出者，从理论上讲，这种模式中集体经济组织只是充当了中介组织的作用，不应该有剩余控制权，但是集体经济组织是参与主体之一，也是理性经济人，因为在参与过程中投入了时间和精力，因此也有剩余控制权的要求。一些地方集体经济组织在与农户之间签订的合同会规定相应的支付报酬额，同时也会与转入法人企业也签订一个合同规定相应的支付报酬额，两者之差就是集体经济组织的收益，也是其剩余控制权。也有一些地方集体经济组织只是促进农户和企业直接签合同，从中不获得收益。前一种情况下，剩余索取权被归转入的企业法人和集体组织等所有，由于集体经济组织也占有部分份额，因为利润的总量是一定的，农户所能分得的利润就要少些。后一种情况下，剩余索取权只归转入的企业法人所有，由于集体经济组织不占有部分份额，在利润的总量是一定的情况下农户所能分得的利润就要相对多些。

4.2.11 "双放弃，三保障"模式中的剩余控制权

在"双放弃，三保障"模式中，剩余控制权归当地的政府和企业所有。在这种模式中政府首先从农户那里获得耕地和宅基地，然后政府将得到的土地通过一定的条件让企业使用，政府给农民提供的是就业、养老和住房方面的保障。在这种模式中土地经过流转后的增值收益及其每年的产出收益与转出的农户是没有关系的。这种模式中剩余控制权是很大的，因为土地用途的改变将会产生很大的升值。在这种模式中政府发挥着主导性的作用，政府得到的剩余控制权也最多。企业为了取得土地的使用权，往往要一次性地支付高额的使用费，也有的是每年支付使用费。前一种情形，企业取得土地使用权后每年创造的价值完全归企业所有，与政府没有关系，因此由土地产出的利润完全归企业，剩余索取权直接归企业。后一种情形，企业首先取得剩余控制权并将其中一部分给政府，从而政府也取得一定的剩余控制权。农户则是从政府那里获得相应的补偿。在政府与农户之间的利益博弈过程中，农户处于劣势并且没有不参与的权利，其利益受损可能比较大，利益受损程度取决于政府的让利程度。

需要指出的是"双放弃，三保障"模式中，政府追求的是宏观效益。成都"两放弃，三保障"模式探索的一些成果已经被中央所肯定，在《国家城乡一体化规划》中，成都经验作为一项优秀成果和模式被借鉴和吸纳。成果之一是农村财产确权制度。2008年10月28日，成都在全国率先挂牌成立了综合性的农村产权交易所。交易所将为林权、土地承包经营权、农村房屋产权、集体建设用地使用权等项目提供专业服

务。农村产权制度改革确权登记工作随后在整个四川省展开，并得到了国土资源部的肯定。其中确权颁证，这是成都在土地改革中的探索和经验，目前已经在全国推行。成果之二是取消户籍限制。成都从 2004 年开始实施一元化户籍制度，在 2006 年年底全面完成，取消了农业和非农业户口性质，将户籍人口统一登记为居民户口。全国政协常委、北大教授厉以宁认为中国统筹改革应向实现"城乡双向流动"推进，中国实现城乡一体化，这样城乡就能同步增长。国家发展和改革委员会宏观经济研究院研究员肖金成认为成都通过户籍制度和农村产权制度的同步改革，就已经实现了城乡的双向流动，农村的人可到城市，城市的人也可到农村。

4.2.12 "土地换社保，宅基地换住房"模式中的剩余控制权

在"土地换社保、宅基地换住房"模式中，剩余控制权归当地政府和使用土地的企业所有。在这种模式中，农户也没有参与与否的选择权，在实施该政策的地方，所有的农户都要接受这种模式，农户作为土地的转出方得到的补偿一次性的，同时享有的社会保障和取得住房。农户不能够从土地用途改变的增值收益和每年的经营收益中直接获益。宅基地属于建设用地，政府取得后最终要转归企业使用，政府从企业那里收取的土地使用费直接归地方政府占有，因此地方政府是剩余控制权的持有者。而耕地部分并不是建设用地，政府取得土地后可以通过一定的程序将其转变成建设用地后转归企业使用，也可以在不改变土地性质的情况下直接出租给企业使用。前一种情形，政府同样得到了很多土地增值的剩余控制权，企业也取得了每年收益的剩余控制权并且完全占有，

不必向政府支付报酬。后一种情形下，企业也取得了每年收益的剩余控制权并不能够完全占有，需向政府支付报酬。这种模式中，在利益博弈的过程中农户处于不利的地位，因为其没有选择是否加入这种模式的权利，其利益受损的风险也较大。

山东省 2020 年上半年所搞的撤村并居属于"土地换社保，宅基地换住房"的延续，结果农民不满意，著名学者贺雪峰 2020 年曾指出山东省的撤村并居是大跃进。他举例子说山东德州禹城市曾计划一次规划、滚动开工 28 个农村社区项目，项目总投资约 18 亿元，预计实现土地增减挂钩收益 16 亿元，投资缺口部分两亿元主要通过政府投资来弥补。他认为实际上通过土地增减挂钩收益 16 亿元根本实现不了，一是城乡建设用地增减挂钩指标不允许跨省交易。所以，山东省搬迁撤并村庄所形成增减挂钩指标只能在省内交易。二是这些指标卖不出去，因为山东全省都在进行合村并居，16 个地市都不会缺增减挂钩指标。临邑所在德州市通过搬迁撤并村庄形成的增减挂钩指标只能在德州市内交易。德州市是一个财政比较穷、工业不发达的城市，对建设用地需求并不大，且德州市内所有县、市、区都在进行合村并居，也就都在产生增减挂钩指标。因此临邑通过搬迁撤并村庄形成的增减挂钩指标只可能在临邑县内交易。临邑县最近两年多完成拆迁的 157 个村庄可以产生出多少亩增减挂钩指标呢？按每户拆迁产生 0.5 亩指标计算，拆迁 2.4 万户可以产生 1.2 万亩指标。这样临邑县需要在三年内消化 1.2 万亩城市建设用地。实际上临邑县是不可能在三年内需求这么多建设用地，因此撤村并居的目标也实现不了，不可能通过土地换得那么多资金支持。在全国社会舆论的争议声中，山东的"土地换社保，宅基地换住房"被叫停。可见这种模式需要进行改变或者完善，不能无条件推广。

4.2.13 "两分两换"模式中的剩余控制权

在"两分两换"模式中，剩余控制权归转入的企业法人或地方政府所有。虽然在这种模式中剩余控制权也归转入的企业法人或地方政府所有，但是与"双放弃，三保障"模式和"土地换社保，宅基地换住房"模式不同的是政府在这种模式中更多的是充当中介的作用，并没有从中获得太多的利益。其根本的原因在于这种模式比较灵活，普通的耕地和宅基地是分开的，农户有四种选择：选择只流转宅基地或者只选择流转耕地，既可以两者都流转也可以选择都不流转。虽然在这种模式中剩余控制权归转入的企业法人或地方政府所有，但是也不会获得巨大的剩余控制权，因为理性的农户会根据自己的具体情况决定是否参与流转，如果政府和企业从中赚取巨大利益，农户得到的收益较小时，农户自然会选择不参与，只有当农户认为自己获得的收益和预期差别不大时才会主动参与。因此，在这种模式中由于赋予了农户的自由选择权，农户的利益受损风险较小。

"两分两换"模式虽然在浙江嘉兴已经出现有 10 年时间了，但是这种模式也没有看到在全国各地进行推广，究其原因是因为浙江嘉兴地处经济发达地区，有大量的建设用地需求，通过"两分两换"模式置换出来的土地指标能够获得较高的收入，且这种模式在实际运作的时候前期需要大量的资金投入，如果置换出来的建设用地指标卖不出去或者卖不了高价钱将面临着资金链断裂的风险，将来会面临着农民、上级政府、社会舆论等各方面的压力，所以对当地政府来说风险非常大，一般不是经济特别发达的地方不能采用这种模式。

4.3 农地流转中剩余索取权分析

剩余索取权是一项索取剩余（总收益减去合约报酬）的权力，简单地说是对利润的索取，即经营者分享利润。按照新制度经济学者德姆塞茨的观点，长期投资经费的提供者应该是剩余利益的索取者，监督者也是剩余利益的索取者，提供劳动力的只是工资的获得者。在农村土地流转中，转出农户应该享有对利润的剩余索取权，因为转出农户提供的是生产要素土地的使用权，对整个产出有贡献，因此获得收益理所当然。

在剩余索取权获得收益大小方面，转让、转包、互换、出租、入股、代耕、拍卖、土地信托、反租倒包、继承、"双放弃，三保障"、"土地换社保，宅基地换住房"、"两分两换"13种模式中由于流转模式不同，产生的利润多少不同，因此不同主体剩余索取权的多少也有差别。转让、转包、互换、代耕、出租、继承几种模式是比较传统的经营模式，产生的利润也较少，因此转出农户在剩余索取权的实现方面不同主体也只可能得到较少收益。在入股、拍卖、土地信托、反租倒包、"双放弃，三保障"、"土地换社保，宅基地换住房"、"两分两换"几种模式中由于采用了比较先进的经营模式，产生的利润较多，因此从理论上看不同主体剩余索取权的结果必然是获得较高收益。

4.3.1 转让模式中的剩余索取权

转让模式中的剩余索取权分两种情况，如果是农转非转让模式转出方是没有剩余索取权的，因为转出方已经没有农业户口也不是集体成员中的一员，因此不再具有承包原来经济组织土地的资格，也没有剩余索取权，转入者无须支付报酬。由于现在的大学生不再要求农转非，因此这类转让已经没有了。但是由于婚丧嫁娶引起土地转让的情形在一些地方还是存在的，这些主要是一些地方历史传承下来的非正式制度，这种情况下，土地转让也没有什么报酬，因此也就没有剩余索取权。如果是转出户虽然还是农业户口但是主动放弃土地承包经营权，在这种情况下可以按照协议从转入户那里取得相应的补偿，但是这种补偿不是直接来源于利润，因此也不是剩余。这种情况下，转出农户得到的是转让土地承包经营权的补偿而不是分享剩余，不能够算作剩余索取权。土地转让中，出让户所得的补偿的大小取决于双方达成的协议价格，由于土地的零星交易很难形成市场价格，协议价格不一定能够体现土地价值。总之，土地利润也都归转入方所有，所以转让模式中的剩余索取权也归转入方所有。

4.3.2 转包模式中的剩余索取权

转包模式中的剩余索取权归转出农户和转入农户所有，由于转出农户让渡了土地的使用权，因此要在一定程度上获得报酬，就产生了剩余索取权。转入农户为土地的生产投入了劳动和资本，因此也要获得相应回报。最终土地产生的利润由双方按协定方式分别占有。这种模式的剩余索取权的分配是通过收取一定数量的实物或现金的方式完成的。因为转包是在集体经济组织内部成员间进行，通常种植模式不发生改变，产生的利润较少，因此转出户和转入户的剩余索取权也较小。这种剩余索取权是发生在平等的主体之间，因此实现比较容易，风险较小。在这种土地流转模式中，剩余索取权的实现是可以重复进行的，通常情况下是按照协议一年分配一次。至于分配的比例、分配的额度以及分配情况在整个转包期是否变化通常是由协议作为依据的。

4.3.3 互换模式中的剩余索取权

互换模式中没有剩余索取权。在互换模式中由于交易是一次性完成的，交易双方都同时是转入方也同时是转出方，当交易完成时，相互之间已经没有权利与义务关系，因此也就不存在剩余索取权。在有些土地互换模式中，有些在土地价值不匹配的情况下，一方会通过支付货币的形式弥补土地协议价值中的不足。这部分货币支付也不是来自土地的剩余，因此也不是土地剩余索取权。总之，在土地互换模式中是没有土地剩余索取权的。

4.3.4 代耕模式中的剩余索取权

代耕模式中可能存在两种剩余索取权实现方式。如果在代耕模式中协议有一方单独占有所有的产出，剩余索取权就单独地归一方所有，不存在剩余索取权分配问题，这里所说的"一方独占"可能是转入方也可能是转出方。如果在代耕模式中协定双方将按一定比例或数量分享土地的产出，双方都有剩余索取权。这种模式的剩余索取权的实现是通过转出方收取另一方一定数量的实物或现金的方式完成的。因为代耕是在社会关系较近的成员间进行，因此实现比较容易，风险较小。这种模式通常也不改变种植模式，产生的利润较少，因此产生的剩余索取权也较小。代耕的时间是比较短的，通常少于一年，因此这种剩余索取权的分配通常也是不会重复的。现实中，由于代耕模式时间短，转入户和转出户之间关系紧密，需要进行剩余索取权分配情况是少数。

4.3.5 出租模式中的剩余索取权

出租模式中的剩余索取权归转出户和转入方分享。由于在出租模式中转出者将土地的使用权让渡给农业企业或大农户等，因此要索取相应的报酬。农业企业或大农户通常会增加对土地的投入，也会加强对土地的管理，更重要的是实现生产经营方式的转变，因此也要在投入和管理方面取得回报。由于这种模式中剩余控制权归农业企业或大农户等，出租模式中剩余索取权的分配一般是通过农业企业或大农户给转出户支付现金的形式实现的。与转包、转让、代耕和互换模式相比，由于出租模式中租入方通常会增加生产要素的投入，生产效率会更高，产生的利润也比较多，农业企业或大农户、转出户的剩余索取权都要大一些。在剩余索取权实现的过程中，普通的农户与农业企业或大农户等之间博弈可能出现一种不平等，普通农户处于劣势，在实现中剩余索取权的实现可能会遇到一定的风险。

4.3.6　继承模式中的剩余索取权

继承模式中剩余索取权归继承人。因为继承模式中，继承方完全拥有土地的承包经营权，被继承方是自然灭失，无须再支付报酬，继承人继承土地后独占土地的经营产出，所以独占土地的剩余索取权。继承这种模式在实施土地承包经营权30年不变以前几乎是不存在的，因为绝大部分地区都实行的是如果土地承包人死亡，集体会收回土地然后再分配给无地的新增人口。在国家实施土地承包经营权30年不变政策以后，一部分地方实行"增人不增地，减人不减地"的做法，在此情况下，家庭成员之间的代际继承情况就逐渐变得多了起来。现实中，有的地方仍然是按照当地沿袭下来的土地几年变动一次的做法，有的地方则坚持长期不动，代际间可以继承。

4.3.7　入股的模式中的剩余索取权

在入股的模式中，剩余索取权归转出农户和转入的公司共同所有。由于入股分两种情形：一种是农户转出一定面积的土地并获得相应的股份但不参与劳动；一种是农户在转出土地获得股份的同时也参加劳动。在前一种模式中，农户的剩余索取权仅限于定期的分红，在后一种模式中，农户的收入包括分红和劳动报酬两部分，但劳动报酬不是利润中的内容，因此不属于剩余。两种情形下，只有分红的部分是属于农户的剩余索取权。转入土地的公司由于要进行经营管理维持日常运营，需要留存一定的剩余，因此也有一定的剩余索取权。在入股模式中剩余索取权的大小取决于转入土地机构的经营效益和入股面积的大小，获得支付的方式通常情况下为现金，由于转出农户是股东并且具有投票权，因此有机会维护自己的合法权益，剩余索取权的实现风险较小。

4.3.8　拍卖模式中剩余索取权

在拍卖模式中剩余索取权最终应该属于集体经济组织的成员，但大多数情况下成员并没有享受到剩余索取权。在拍卖模式中，根据法律规定拍卖的内容是"四荒"，集体经济组织代表全体成员和土地的转入方签订协议，因此集体经济组织首先代表全体成员向转入方索取报酬，然后将得到的报酬再分给集体经济组织的成员，最终的剩余索取权归集体经济组织的成员。由于集体经济组织和土地的转入方处于平等的地位，集体经济组织的剩余索取权比较容易获得，但是农户和集体经济组织代表之间处于不平等的地位，再加上缺乏有效的监督机制，普通农户的剩余索取权实现的风险大。在现实中，一些地方的"四荒"所有权人由代表村集体的村委会所有，拍卖"四荒"的所得基本也归村委会支配，普通成员并没有享受到剩余索取权，其中一个重要的原因是因为"四荒"的所有权并不明确，集体的概念比较模糊，有的成员甚至不关心"四荒"拍卖的情况。

4.3.9　土地信托模式中的剩余索取权

土地信托模式中剩余索取权属于转出户、信托中介组织和土地最终转入者。这种模式中，信托中介组织向转入方让渡了土地的使用权，具有对土地转入方的剩余索取权。同样转出户向信托组织让渡了土地使用权，具有对信托中介组织的剩余索取权。土地最终转入者由于要对土地进行投资并经营管理，因此也要获得相应的回报。由于土地的产出利润将会被转入方、中介组织和转出农户三者分别占有，农户的剩余索取权要小一些。由于土地信托中介组织是通过一系列标准化的合同条款对土地的转入方和转出农户实施约束的，在利益博弈中相对平等，剩余索取权较容易实现。现实中，土地信托组织大多由基层政府发起组建，其主要目的是为了改变传统的农业生产方式，政府往往对信托组织给予一定的扶持政策或财政支持，以减少信托机构对剩余索取权的依赖，维持信托机构正常运转。

4.3.10 反租倒包中的剩余索取权

反租倒包中集体经济组织和农户都有剩余索取权。在反租倒包模式中，集体经济组织向土地的转入方让渡了土地的使用权，有对土地使用方的剩余索取权。同时转出农户向集体经济组织让渡了土地使用权，对集体经济组织有剩余索取权。土地使用方也因为进行资本投入、维持日常经营管理等原因拥有分配土地剩余的权利。由于土地的产出利润将会被转入方、集体经济组织和转出农户三者分别占有，农户的剩余索取权就要小一些，当然也有在一些地方集体经济组织只是组织者并不从中谋利，这种情况下并不影响农户的剩余索取权。在剩余索取权实现的难易程度上，集体经济组织和土地的转入方是相对平等的主体，实现起来并不困难。而集体经济组织和农户之间是不平等的主体，农户利益容易受损。这也是为什么叫停反租倒包土地流转的主要原因。

4.3.11 "双放弃，三保障"和"土地换社保，宅基地换住房"两种模式中的剩余索取权

"双放弃，三保障"和"土地换社保，宅基地换住房"模式中的剩余索取权归集体经济组织或基层政府。由于在这两种模式中是政府在主导，参加这两种模式的农户在没有选择权的情况下必须放弃自己的耕地和宅基地，获得的是政府的相应补偿而与转出后土地的每年产出没有关系，因此转出农户没有对土地收益的剩余索取权。在这两种模式中农户会得到相应的补偿，这些补偿不是来自土地带来的利润，不能算作剩余。并且这种补偿是一次性的，这种土地流转方式对农户来说和征地的后果是一样的就是丧失了土地承包经营权和宅基地的使用权，不同的是土地的所有权性质变的不同。这两种土地流转模式流转后，宅基地仍然是集体建设用地，农民承包经营的土地仍然是集体农业用地。而征地后土地的所有权性质发生了变化，成为城市建设用地，所有权归国家。基层政府或集体经济组织获得土地使用权后，再将集体建设用地进行重新规划建设，对集体农业用地进行再流转，其中获得的收益主要是用来支付农户的资金以及为村民办理社会保障等方面的支出，剩余部分归基层政府或集体经济组织支配。

这两种土地流转模式虽然不是征地，但是从农民的角度看与征地有些相似的地方，因为农民要放弃自己的宅基地和承包土地并且是不可逆的，将来不可能再收回这些土地的使用权。但是地方政府在推动这些土地流转的时候采用的各种标准往往是比较低的，和征地完全不在一个水平线上。其中非常重要的原因是因为对土地的需求数量和需求价格不同。一般来说征地发生在城市，经济比较发达，整理出来的土地很容易

以比较高的价格出让，因为政府能够得到较高的土地出让收入，所以在拆迁安置、土地补偿、社保安排等方面都能够以较高水平满足。我国2019年修正的《中华人民共和国土地管理法》在补偿标准上，新的土地管理法没有明确上限，并且对社会保障部分进行规定。第48条规定"征收土地应当给予公平、合理的补偿，保障被征地农民原有生活水平不降低，长远生计有保障"。并且进一步的有具体要求"征收土地应当依法及时足额支付土地补偿费、安置补助费以及农村村民住宅、其他地上附着物和青苗等的补偿费用，并安排被征地农民的社会保障费用"。"征收农用地的土地补偿费、安置补助费标准由省、自治区、直辖市通过制定公布区片综合地价确定。制定区片综合地价应当综合考虑土地原用途、土地资源条件、土地产值、土地区位、土地供求关系、人口以及经济社会发展水平等因素，并至少每三年调整或者重新公布一次。""征收农用地以外的其他土地、地上附着物和青苗等的补偿标准，由省、自治区、直辖市制定。对其中的农村村民住宅，应当按照先补偿后搬迁、居住条件有改善的原则，尊重农村村民意愿，采取重新安排宅基地建房、提供安置房或者货币补偿等方式给予公平、合理的补偿，并对因征收造成的搬迁、临时安置等费用予以补偿，保障农村村民居住的权利和合法的住房财产权益。""县级以上地方人民政府应当将被征地农民纳入相应的养老等社会保障体系。被征地农民的社会保障费用主要用于符合条件的被征地农民的养老保险等社会保险缴费补贴。"

地方政府在推动"双放弃，三保障"和"土地换社保，宅基地换住房"两种模式时因为置换的土地指标无法高价卖出，因此难以获得大量资金用于支持高水平的农村发展，除非这些地方是经济特别发达的大城市周边，置换的土地能够以高价出售使用权。山东省 2020 年上半年提出大规模的撤村并居也属于这一类，由于土地无法高价出让，根本无法支撑拆迁成本，对被拆迁农民的补贴偏低，引起了农民的不满，也引起社会舆论的关注。这两种土地流转模式中，可以说剩余索取权总量比较少，即便是政府不但不从中获得资金收入，并且要进行大量的补贴仍然不能够令人满意，所以这两种模式的推广需要有大量的剩余为前提条件。

4.3.12 "两分两换"模式中的剩余索取权

"两分两换"模式中流转出去的农村承包土地剩余索取权归集体经济组织和转出农户。在"两分两换"模式中农户有充分的选择权，对于参与承包土地流转的农户，地方政府充当中介组织，首先地方政府从农户那里取得土地使用权，然后再让渡出去。地方政府首先从土地使用者那里取得收益，然后农户从地方政府那里取得相应的报酬。地方政府同集体经济组织不同，地方政府的行为是依法行政，有比较强的公信力，因此农户的剩余索取权较容易实现。对于没有参与承包土地流转的农户还是维持原状。"两分两换"模式中流转出去的宅基地是农村集体建设用地，宅基地流转获得的是一次性的补偿，流转后获得的增值收益主要归基层政府支配，宅基地流转后经过规划整理进行拍卖，拍卖所得的收入主要用来偿还宅基地的价值和给村民支付社会保障。由于宅基地的交换是一次性的，农民可以在宅基地换住房的过程中获得一次性的补偿，可以认为是土地增值的一部分分享。

4.4 农地不同流转模式的动因比较

为了对土地不同流转模式的动因进行比较，笔者根据每一种流转模式中要求土地的质量、生产方式、交易费用大小、剩余控制权归属及大小、剩余索取权归属及大小分析不同参与主体的积极性。

表4-1 土地不同流转模式的动因比较

指标\类型	土地质量	生产方式	交易费用	剩余控制权		剩余索取权	
				归属	大小	归属	大小
转让	无要求	传统	小	转入农户	小	转入农户	小
转包	较高	传统	小	转入农户	小	转入、转出农户	小
互换	双方土地质量相近	传统	小	转入农户	小	无	——
代耕	要求较高	传统	小	转入户、转出户或两者分享	小	转入方、转出方或两者分享	小
继承	无要求	传统	小	转入农户	小	转入农户	小
出租	要求较高	现代	小	转入方	较大	转入方、转出农户	大
入股	要求较高	现代	大	转入方	较大	转入方、转出农户	大
拍卖	无要求	不确定	小	转入方和村组织	不确定	集体成员	不确定
土地信托	要求高	现代	大	转入方和信托公司	较大	转入方、信托公司和农户	较大

指标\类型	土地质量	生产方式	交易费用	剩余控制权		剩余索取权	
				归属	大小	归属	大小
反租倒包	要求高	不确定	大	转入方和集体	较大	转入方、集体、转出方	较大
双放弃，三保障	无要求	现代	大	转入方和基层政府	很大	转入方和基层政府	很大
土地换社保，宅基地换住房	无要求	现代	大	转入方和基层政府	很大	转入方和基层政府	很大
两分两换	无要求	现代	很大	转入方和基层政府	很大	转入方和基层政府	很大

从上表可以看出在十三种土地流转模式对土地质量要求方面，转让、拍卖、继承、"双放弃，三保障"、"土地换社保，宅基地换住房"和"两分两换"六种模式对土地质量并没有明显要求。因为转让是一次性的交易或者是按照当地的传统制度完成的，在一次性交易中由于交易双方是平等的主体，土地质量高了就支付较高价格，土地质量差就支付较低价格。在按照当地传统制度转让中是没有任何成本的，对土地质量也没有要求。拍卖模式中本身拍卖的对象就是"四荒"，质量较差，因此转入者对土地质量也不会有过高要求。继承模式中转入者是无法选择的，也没有什么成本，因此对土地质量也没有要求。"双放弃，三保障"、"土地换社保，宅基地换住房"和"两分两换"六种模式是为了加快推进城镇化，实行的连片整治，对当地土地质量没有什么选择，因此土地质量没什么要求。互换模式要求土地质量差别不大，否则无法达成交易。转包、出租、入股、代耕、土地信托、反租倒包六种模式对土地质量要求较高，因为这六种模式中转入者主要是为了从土地流转中获

得农业利润，如果土地质量较差，农业利润就会很少甚至没有利润。

在生产方式方面，转让、转包、互换、代耕、继承五种模式土地流转后仍然是传统的流转模式，因为这些土地流转是自发形成的交易，一方面转入者和转出者都不会投入大量资金改变生产模式；另一方面这些自发流转的土地面积较小，也不具备现代农业规模化的要求。出租、入股、土地信托、"双放弃，三保障"、"土地换社保，宅基地换住房"和"两分两换"六种模式土地流转后就很可能变为现代生产方式。因为出租主要是流转给农业大户，入股主要是建立专业合作社，土地信托主要是流转给有农业项目的公司，"双放弃，三保障"、"土地换社保，宅基地换住房"和"两分两换"也是土地由政府要积极推进现代农业。拍卖和反租倒包两种土地流转后是否改变生产方式并不确定。因为拍卖的"四荒"土地质量较差，要想开发需要投入较多资金和劳动，是否能够实现现代生产方式关键要看转入者投入如何。反租倒包这种模式关键看最终土地倒包给谁，如果给普通农户，生产方式难以改变；如果给农业企业，生产方式有可能会改变。

交易费用方面，转让、转包、互换、出租、代耕、继承、拍卖七种土地流转模式的交易费用较小，因为转让、转包、互换、出租、代耕、继承主要发生在个别农户之间，参与主体比较少，程序也比较简单，很多交易双方没有签订正式的合同和登记备案。但是这些交易中交易信息的搜寻成本较高，因为信息比较零散。入股、土地信托、反租倒包、"双放弃，三保障"、"土地换社保，宅基地换住房"和"两分两换"六种土地流转模式中交易费用较大，因为参与的主体较多，每一个参与主体的诉求可能不同，较难达成一致，有的甚至只有在强制下才能够达成协议。尤其是"两分两换"模式，给了农户自由选择权，交易费用就很大。

在剩余控制权归属方面，十三种模式中的剩余控制权都属于转入方所有，由于有些模式中存在中介机构，中介机构也有部分剩余控制权。具体来说，转让、转包、互换和继承四种模式的剩余控制权归转入农户，出租和入股两种模式剩余控制权归转入方，在出租中转入方可以是农户也可以是农业企业，入股模式中转入方可以是农业合作社也可以是农业企业。代耕模式中剩余控制权的归属根据协议可能是转入方或转入方中的一方也可能是双方共享。土地信托、反租倒包和拍卖三种模式中剩余控制权归转入土地的企业和充当中介的土地信托公司（反租倒包和拍卖模式中是集体经济组织）。"双放弃，三保障"、"土地换社保，宅基地换住房"和"两分两换"三种土地流转模式，宅基地升值的剩余控制权归集体经济组织（村或乡镇），土地流转的剩余控制权归转入的企业和集体经济组织。在剩余控制权大小方面，十三种模式中采用传统生产方式的转让、转包、互换、代耕、继承五种模式比较小，采用现代生产方式的出租、入股、土地信托、"双放弃，三保障"、"土地换社保，宅基地换住房"和"两分两换"六种模式剩余控制权比较大，并且因为"双放弃，三保障"、"土地换社保，宅基地换住房"和"两分两换"三种模式中因为有建设用地的出让能够带来较多收益，因此剩余控制权就很大。而拍卖和反租倒包两种模式因为生产方式不确定，因此剩余控制权大小也不确定。

在剩余索取权归属方面，转让和继承两种模式是一次性的交易，因此转入方单独享有剩余索取权。互换是一次性交易且双方没有关系，因此不存在剩余索取权。其他模式的剩余索取权都分别给不同的参与主体占有，具体来说就是被转入者（农户、企业或个人）和转出农户以及中介组织（信托公司、集体经济组织）所有。拍卖模式中剩余索取权归全体成员所有，但不容易实现。在剩余索取权大小方面，除了互换模式没有剩余索取权外，其他与剩余控制权大小一致。

由于农户在各种土地流转模式中土地面积较小，每一农户都不可能从土地流转中得到很多的收益，但是在采用现代生产方式的几种土地流转模式中，实行的是土地连片流转，由于积少成多的效果，转入土地的企业从中获得了较多收益。政府和村集体因为一方面本身在有的土地流转中可以收益，有的是为了将推进土地流转作为一种政绩。因此政府、企业、种植大户等是收益较大的主体，因此与普通农户相比，政府、企业、种植大户等具有更大的动力推动土地流转。

第 5 章

农村土地承包经营权流转中的农民意愿

根据农村土地承包经营权流转中参与主体的平等关系，可以将土地流转模式分为平等主体间的流转和不平等主体间的流转。我国所有关于农村土地承包经营权流转的法律法规都明确要求土地流转要让农民自愿，尊重农户意愿是土地流转的重要原则之一，平等主体之间的土地流转反映了农户的真实意愿。非平等主体之间的土地流转可能出于非自愿。为了分析土地流转中农民的意愿有必要将其分为平等主体间的土地流转和非平等主体间的土地流转。

5.1 平等主体之间土地流转模式中的农民意愿

土地流转模式有十三种之多，平等主体间土地流转模式是指农户间的土地流转，具体包括转包、转让、互换、出租、代耕、继承六种模式。继承虽然也发生在平等主体之间，但不涉及意愿问题。调查表明，影响农户间土地流转的最主要因素是意愿价格。

根据笔者 2015 年 2 月在河南省调查的数据，调查对象包括已经流转土地的农户和未流转土地的农户，发现被访的农户有土地流转意愿但由于价格等因素导致无法实现的有相当大比例，如果支付给农户土地的价格足够高，有90%以上的农户表示愿意转出土地，如果农户转入土地的价格足够低，也有70%以上的农户表示愿意转入土地。但实际调查的土地流转率大约13%左右，主要原因在于没有人愿意支付足够高的土地转入价格或者是没有人愿意接受足够低的土地转出价格。并且发现同一农户，当其土地转出时索要的意愿价格通常要大于其转入土地所愿意支付的意愿价格。对于同一调查样本，统计结果表明农户作为转出者索要的意愿价格平均值为每亩718.82元，作为转入者愿意支付的意愿价格的平均值为每亩265.75元，可见被调查农户在转出意愿价格上比转入意愿价格每亩平均高出453.07元。是什么原因导致同一主体在变换角色后接受的意愿价格出现如此大的差异？影响转出、转入意愿价格的因素是什么？影响方式是什么？下面将对这三个问题进行分析。

5.1.1 转出意愿价格比转入意愿价格高的原因分析

农村土地承包经营权对于农户来说，其作用有：确保家庭粮食安全、增加收入、维持就业、社会保障。土地给农户带来的作用可以用效用函数 $U = f(t) + i(t) + w(t) + s(t)$ 表示，t 表示土地，并且满足 $\frac{\partial f}{\partial t} \geqslant$

0 ，$\frac{\partial i}{\partial t} \geqslant 0$ ，$\frac{\partial w}{\partial t} \geqslant 0$ ，$\frac{\partial s}{\partial t} \geqslant 0$ ，$f(t)$ 、$i(t)$ 、$w(t)$ 、$s(t)$ 的含义如下：

$f(t)$ 为确保家庭粮食安全效用，其取决于人均耕地面积、土地质量、劳动投入。一般情况下，人均耕地面积越多，粮食安全就越可靠。土地质量高，粮食的单产就高，更容易保障粮食安全，土地质量差，确保粮食安全就需要更大面积的土地。依据中国统计年鉴，我国农村居民人均粮食消费量大约为200千克左右，对于我国大部分地区的农户来说，确保家庭的粮食安全是没有问题的，在土地质量比较好的地方，人均三分耕地就可以满足。

$i(t)$为增加收入效用，其取决于耕地总面积、种植作物的类型、交通的便利程度、土地质量、劳动投入。与土地产出相关的收入取决于农作物总产出与单价的乘积，总产出取决于单产与总面积，因此耕地总面积和土地质量（决定单产）与总产出呈正相关，单产与总面积的增加有利于收入增加，不同作物的单价也不同，通常情况下，经济作物、蔬菜、水果、花卉价格较粮食作物价格要高。因此对于想增加收入的农户来说，更倾向于种植经济作物、蔬菜、水果和花卉等。交通的便利程度主要影响土地的专用性，距离主要交通要道近的土地可以用于发展高效农业（如食用菌、蔬菜、景观苗木）或畜牧业甚至是第三产业，因为距离主要交通要道近便于原材料和产品的运输，同时也更接近市场。

$w(t)$为维持就业效用，其取决于外出务工人员占家庭劳动力的比例。由于历史的原因，我国农村劳动力就业在很大程度上依赖土地。对于不同的家庭情况有较大差异，外出务工人员占家庭劳动力比例高的，对土地维持就业功能依赖就弱，外出务工人员占家庭劳动力比例低的，对土地维持就业功能依赖就强。这种依赖也是不断变化的，在宏观经济形势较好的时期，对农民工的需求较大，大批农民工可以找到工作，此时对土地的就业功能依赖就小些，当宏观经济形势不好，进城务工的农民工找不到工作，重新回到农村务农，此时土地的维持就业功能就大些。

$s(t)$ 社会保障效用。目前，我国在农村已经初步建立起来了医疗、养老等社会保障体系，但是仍然处于较低水平，土地的社会保障功能仍然重要。我国年龄超过 60 岁以上的老人外出务工的机会很少。在农村没有退休制度，农民基本上是活到老干到老。因为一方面年龄大了，常常受到疾病的困扰，农村医疗、养老保障又比较低，农村老人的子女本身挣钱也比较难，还有小孩要抚养，老人们也不愿意给子女添加负担；另一方面除了支付医疗费也需要支付日常的生活开支和人情世故的礼节性开支。对于老年人来讲，他们无法在社会上找到非农就业岗位，但是这些人仍然有务农的能力，依靠自身仅有的劳动能力生产一些粮食作物或经济作物增加收入。

对于农户来说，土地转出意愿价格比转入意愿价格高的原因在于转出户关心的是土地的确保粮食安全、增加收入、维持就业和社会保障四个方面的效用。而转入土地的农户很少关心土地的确保粮食安全、维持就业和社会保障这三个方面的效用，主要是考虑增加收入，并且收入为净收入。因此土地给转出户带来的总效用为 $U = f(t) + i(t) + w(t) + s(t)$，给转入农户带来的效用仅为 $U = i(t)$，要想在转入和转出农户之间形成均衡，就必须满足同一块地块给转入户和转出户带来的边际效用相等，

即 $MU_{转出} = \dfrac{\partial f}{\partial t} + \dfrac{\partial i}{\partial t} + \dfrac{\partial w}{\partial t} + \dfrac{\partial s}{\partial t} = MU_{转入} = \dfrac{\partial i}{\partial t}$。这就意味着当转出户的 $\dfrac{\partial f}{\partial t} = 0$，$\dfrac{\partial w}{\partial t} = 0$，$\dfrac{\partial s}{\partial t} = 0$。现实中对于大部分农户来说，土地的确保粮食安全、维持就业和社会保障三个方面的边际效用并不等于零，这必然导致同一块土地对于转出户的边际效用大于对于转入户的边

际效用。根据经济学理论，商品的价值是由边际效用决定的，同一农户对土地转出时的意愿价格高于转入时的意愿价格就是必然的。

　　土地的确保粮食安全、增加收入、维持就业和社会保障四个方面的效用对于农户来说发挥着不同方面的作用，这些不同效用之间由于功能不同无法直接比较，但其可以统一地反映在接受的意愿价格上。土地的确保粮食安全、增加收入、维持就业和社会保障四个方面的功能中每一个具体的功能中都包含着多个具体的影响因素，这些因素是什么，其对意愿价格的影响是正面影响还是负面影响等需要进一步地深入分析。鉴于此，下面将根据调查的具体数据，建立具体模型对这些因素进行定量分析。

5.1.2　影响土地转入、转出意愿价格模型的设定与数据来源

5.1.2.1　影响转出农户意愿价格的模型

　　通过以上分析，农户转出土地的意愿价格是根据土地的效用来决定的，而土地效用又包括确保粮食安全、增加收入、维持就业和社会保障四个方面。这四个方面的效用受到人均土地面积等诸多因素的影响，为了分析不同影响因素的情况，设计如下模型：

$$\ln P_{转出} = \alpha_0 + \alpha_1 \ln AS + \alpha_2 \ln Y + \alpha_3 \ln S + \alpha_4 \ln R + \alpha_5 D_1 + \alpha_6 D_2 + \alpha_7 D_3 + \alpha_8 D_4 + \mu_i \tag{1}$$

　　在该模型中 P 表示土地转出者的意愿价格，AS 表示人均土地面积，其含义是解决口粮问题，Y 表示土地单产（用小麦单产表示），其含义是代表土地质量，由于土地质量不好观察，根据土地质量与粮食单产呈正比的特点，用土地单产表示土地质量。S 表示土地总面积，其直接关

系到总产量，进而影响总收入，R 表示务工人员占家庭劳动力的比例，其含义反映了土地对维持就业的作用。D_1，D_2，D_3，D_4 均为虚拟变量，D_1 用来表示种植作物的类别，取 1 时表示种植粮食作物，取 0 时表示种植其他作物（包括经济作物、水果、花卉、经济林等），D_2 表示户主年龄的类别，取 1 时表示 1978 年以前出生的，其经历了饥饿年代并有记忆，取 0 时表示 1978 年以后出生的，其未经历过饥饿年代，比较认可通过市场途径解决口粮问题。D_3 表示灌溉设施情况，取 1 时表示能够得到灌溉，取 0 时表示不能够灌溉。D_4 表示距交通要道距离情况，取 1 时表示毗邻主要交通要道，取 0 时表示不紧临主要交通要道。

这些变量对土地转出意愿价格影响方向的预期如下（表 5 - 1）：

表 5 - 1　不同因素对土地转出意愿价格的影响方向预期

变量名称	对价格的影响方向	变量名称	对价格的影响方向
AS	不确定	D_1	−
Y	+	D_2	−
S	不确定	D_3	+
R	−	D_4	+

人均土地面积 AS 对土地转出意愿价格影响方向不确定。因为从口粮安全的角度看，人均土地较少的农户应当更珍惜口粮地，但是人均耕地较少的农户从土地中获得的总收入也较少，如果仍然选择坚持自己生产口粮将导致较大的机会成本，不如转业并通过市场解决口粮问题。对于将口粮看得比较重要的农户会对口粮田流转意愿价格较高，对于愿意通过市场解决口粮问题的农户则对口粮田流转意愿价格不高。

土地单产 Y 对土地转出意愿价格影响方向预期为正。单产 Y 是土地质量的良好度量，土地质量的好坏受土层厚薄、土壤性质、地形（山区或平原）、气候条件等因素的影响，但是这些因素无法方便地直接观察到，而粮食单产是各种因素综合作用的结果，可以综合反映土地质量。为了便于不同地区和不同农户之间土地质量进行对比，文中选择调查地区绝大多数农户都种植的小麦单产作为土地质量的度量标准。

土地总面积 S 对土地转出意愿价格影响方向预期不确定。因为从增收的角度考虑，土地总面积大的确能够增加总收入，农户更倾向于自己耕种从而增加收入，但是在我国除了少数个别农户拥有较大耕地面积外，人多地少的现实导致绝大多数农户的耕地总面积并不多，单纯依靠土地就能够获得理想收入的农户较少。有一些农户根据家庭成员之间的分工，年轻人外出务工，年老人在家务农，如果耕地不能够完全耕种，则选择留足口粮田，剩余土地转出的处理方式，这类农户对土地转出意愿价格不会太高。也有一些农户外出务工机会较少或者由于照顾老人小孩的原因无法外出务工，自己家庭土地面积相对较多，这样会选择一部分土地种口粮，一部分土地种植更有利于增收的其他作物，这类农户由于对土地依赖性大，因此倾向于较高的土地转出期望。

务工人员占家庭劳动力的比例 R 对土地转出意愿价格影响方向预期将为负。从土地维持就业功能看，外出务工人员占家庭劳动力比例越高对土地维持就业功能依赖越低。与就业直接相联系的是家庭的收入，通常情况下，外出务工人员的比例越高家庭的收入就越高，土地产出在家庭总收入中所占的比例就越低，对家庭收入的贡献就越小，转出土地的意愿价格就会低一些。在模型中无论是选择农业收入在总收入中的比重还是外出务工人员占家庭劳动力的比例都能够反映出土地产出对家庭的重要性。之所以选择外出务工人员占家庭劳动力的比例是考虑到土地维持就业的功能。没有将农业收入在总收入中的比重也放入模型中是因为已经有外出务工人员占家庭劳动力的比例反映对土地就业功能的依赖，如果两者都放入模型有可能引起较严重的多重共线。

表示种植作物的类别虚拟变量 D_1 对土地转出意愿价格影响方向预期将为负。从土地增收功能看，通常情况下农户种植经济作物、蔬菜、水果、花卉、经济林等的收益比种植粮食作物要高，不过也要求有更多的劳动投入。对于劳动力比较多的家庭，选择种植粮食以外的其他作物是不错的选择。因为种植粮食以外的其他作物可以带来较高收入，农户（这类农户在模型中取值为 0）对其收入功能的依赖性较大，不愿意轻易放弃土地经营，如果让其自愿流转土地，需要支付较高的价格才能满足其要求。种植粮食的农户（这类农户在模型中取值为 1），由于土地带来的收入较低，愿意接受较低的土地流转价格。

表示户主年龄的类别的虚拟变量 D_2 对土地转出意愿价格影响预期将为负。1978 年以前出生的（这类农户在模型中取值为 1），其经历了饥饿年代，与 1978 年以后出生的户主相比更重视土地的口粮保障功能，而口粮保障功能是个人生存的第一需要，因此很不愿意放弃土地经营。我国粮食安全从整体上讲没有问题，并且近年来粮食总产量在不断增加，这些人由于对国际和国内粮食市场及其供求情况了解不多，经常会担心有一天出现自然灾害，粮食不够吃，市场上买不到粮食或者即便是能够买到价格也比较高，无力支付。1978 年以后出生的（这类农户在模型中取值为 0），其基本上未经历饥饿年代，对国际和国内粮食生产和供给情况比较了解，并且这些年轻人外出务工较多，收入相对较高，不太担心买不到粮食也不太担心支付不起粮食的价格。1978年以前出生的户主比1978年以后出生的户主对土地转出的意愿价格将会更高。

表示灌溉设施情况的虚拟变量 D_3 对土地转出价格期望影响方向预期将为正。农业基础设施的种类有多种，本文主要选择灌溉设施作为代表是因为在调查地区农户经常遇到的自然灾害主要是旱灾，所要能否得到灌溉是决定作物产量的重要因素。如果能够得到灌溉（这类农户在模型中取值为1），作物的产量基本上就有了保证，收益也就有了保证。如果得不到灌溉（这类农户在模型中取值为0），作物的产量就有可能受到影响，收入也可能受到影响。除了收益高低的影响外，建设灌溉设施也需要投入成本，比如建设灌溉水井、修建引水渠等。同等条件下，能够得到灌溉的土地转出价格期望要高一些。

表示距交通要道距离情况的虚拟变量 D_4 对土地转出价格期望影响方向预期将为正。地块距交通要道距离近（这类农户在模型中取值为1）是指地块就在主要交通要道路边，无论是种植粮食、种植其他作物还是经营其他产业都能够满足其交通条件的要求（原材料的运输、产出的销售等），因为这些地块的多种用途的可能性，有较大的选择，有获得更多收益的可能性，其地理位置的优越性就显得重要，农户对这些土地流转的价格要求要高一些。不毗邻主要交通要道的地块（这类农户在模型中取值为0）可选择的用途有限，主要用来种植农作物，获得更多收益的可能性较小，与交通便利的地块相比，农户对不毗邻主要交通要道的地块流转价格期望可能低一些。

5.1.2.2 影响转入农户意愿价格的模型

转入土地的农户很少关心土地的粮食安全、维持就业和防偶发风险这几方面的作用，主要是考虑增加收入，并且其考虑收入时是净收入即收益减去成本。收益由农作物单产和农作物单价共同决定。成本包括化肥成本、农药成本、耕地成本、种子成本、收割成本等。在这些影响利润的因素中由于不同农作物的价格差异较大，对于转入的农户来说主要参考价格是三大粮食作物的价格，因为我国实施粮食保护价收购，价格比较稳定。而化肥成本、农药成本、耕地成本、种子成本、收割成本等是市场决定，非个别农户所能控制。因此在转入农户来说在考虑净利润时主要是考虑转入土地的质量。根据近几年我国粮食作物的价格和生产成本的情况，在河南省一年两熟的种植模式下，每亩土地的利润在500元左右。转入农户会考虑在每亩500元以内转入土地，影响土地转入意愿价格的因素有土地质量、家庭务农人口比例 R_1，家庭耕地面积数量 S_1，种植作物是否是粮食 D_1、是否能够得到灌溉 D_3、距离主要交通要道的距离 D_4 等。为了分析影响转入意愿价格的各种因素，设定模型（2）：

$$\ln P_{转入} = \alpha_0 + \alpha_1 \ln S + \alpha_2 \ln Y + \alpha_3 \ln R + \alpha_4 D_5 + \alpha_5 D_6 + \mu_i \qquad (2)$$

这些变量对土地转入意愿价格影响方向的预期如下（表5-2）：

表5-2 不同因素对土地转入意愿价格的影响方向预期

变量名称	对价格的影响方向	变量名称	对价格的影响方向
S	不确定	D_1	−
Y	+	D_3	+
R	+	D_4	不确定

　　由于受成本收益的影响，转入农户对转入土地的意愿价格有上限，基本上是 500 元左右。但在该价格上限以内受各种因素的影响：

　　农户耕地总面积 S 对转入意愿价格的影响方向预期不确定，由于有些农户家庭耕地总面积较多，农业收入在家庭总收入中的比重较大，一般来说耕地总面积多的农户人口也多，彼此协作后会使得劳动效率提高，这时人均经营的土地就显得不够，因此倾向于转入土地，可以接受较高一点的转入价格。也有一些家庭认为自己家庭土地数量已经够经营，尤其是用来种植经济作物、大棚蔬菜等需要大量的劳动投入。因此就不愿意再转入土地，除非土地的转入价很低。

　　粮食单产 Y 对土地转入意愿价格的影响方向预期为正。粮食的单产无疑是影响转入意愿价格的重要因素，因为在同等条件下，质量高的土地能够带来更多的收入，因此转入者可以接受稍高一点的价格。但是价格也不能过高，转入者会考虑带来的边际利润和边际成本之间的差异。虽然这种差异是粗估的，但是转入者在转入土地的时候的确会考虑这些。

　　务工人员占家庭人口的比例 R 对转入土地意愿价格的影响预期为负。务工人员占家庭人口的比例越高，说明家庭收入对土地经营的依赖程度越低，由于劳动力外出务工，不愿意再经营土地，因此较低的转入价格才有可能被接受，有的甚至不要报酬也不愿意转入土地。

　　表示种植作物是否为粮食的虚变量 D_1 对转入土地意愿价格的影响方向预期为负。该虚拟变量取值为 1 时表明是种植粮食作物，取值为 0 时表示是种植其他作物。由于粮食作物风险小，但收益也较低，种植粮食作物的毛利润每亩地一年也就在 500 元左右，因此转入土地的农户不可能支付太高的转入价格。种植其他作物由于收入可能比粮食作物高，有可能愿意以稍高一点的价格转入土地。

表示土地是否能够得到灌溉的虚变量 D_3 对转入土地意愿价格的影响方向预期为正。土地能够得到灌溉就意味着有利于提高土地的收益。一般来说，转入的农户都愿意为灌溉条件支付适当的费用，与不能够得到灌溉的土地相比，愿意支付稍高一点转入价格。

表示土地是否毗邻主要交通要道的虚变量 D_4 对转入土地价格的影响方向预期不确定。这个主要看转入农户的意图，如果转入农户转入土地的目的是为了种植简单的粮食等农作物，这时地理位置变的就不重要了，也不愿意支付较高的转入价格。如果转入土地的目的是为了得到方便的交通条件等，这时地理位置就变得很重要，因此也愿意支付较高的转入价格。

5.1.2.3　数据来源

本文的数据来源于 2015 年 2 月份在河南省调查的数据，共发放调查问卷 400 份。根据审查的结果，最终确定有效问卷 386 份，涉及地块 1328 块，无效问卷（回答问题较少或回答意思错误）14 份。调查数据的基本情况统计如下：

表 5 - 3　调查数据的基本情况

转出意愿价格（元）			总面积（亩/户）			人均面积（亩/人）		
最大	最小	平均	最大	最小	平均	最大	最小	平均
1300	200	718.82	20	1.2	5.75	2.4	0.5	1.35
转入意愿价格（元）			地貌特征（块）			以小麦为例单产（公斤/亩）		
最大	最小	平均	平原	丘陵	山区	最大	最小	平均
800	0	265.75	807	211	310	550	240	402

续表

流转情况			种植作物类型		能否灌溉		毗邻交通要道	
正在流转	几年后流转	永不流转	粮食	其他	能	否	是	否
174	1093	61	778	550	386	942	93	1235
13.1%	82.3%	4.6%	58.6%	41.4%	29.1%	70.9%	7.0%	93.0%

从表 5-3 可以看出，土地流转意愿价格方面，对于土地转出索要意愿价格的最大值为每亩 1300 元，最低为每亩 200 元；平均值为每亩 718.82 元，转入支付意愿价格最大值为每亩 800 元，最小值为每亩 0 元，平均值为每亩 265.75 元，可见被调查农户在转出意愿价格比转入意愿价格每亩高出 453.07 元。农户耕地面积方面，调查的 386 户农户中，耕地面积最大的为 20 亩，耕地面积最小的为 1.2 亩，平均每户为 5.75 亩；人均耕地面积为 1.35 亩，其中最大的为 2.4 亩，最小的为 0.5 亩。耕地地貌方面，调查的 1328 块土地，属于平原地区的有 807 块，丘陵的有 211 块，山区有 310 块。土地质量方面，以小麦单产为例，亩产最大值为 550 千克，亩产最小值为 240 千克，平均值为 402 千克。流转情况方面，调查的 1328 块土地中，正在流转的有 174 块，占 13.1%，几年后（大部分农户回答 15—20 年后）流转的有 1093 块，占 82.3%；永不流转的为 61 块，占 4.6%。种植作物类别方面，种植粮食作物的有 778 块，占 58.6%；种植其他作物的（主要是烟叶、棉花、油料、水果等）有 550 块，占 41.4%。能否得到灌溉方面，能得到灌溉的有 386 块，占 29.1%；不能够得到灌溉的为 942 块，占 70.9%。毗邻交通要道方面，毗邻交通要道的有 93 块，占 7%；不毗邻交通要道的为 1235 块，占 93%。

5.1.3　估计结果分析

5.1.3.1　转出户意愿价格模型估计结果分析

利用调查的数据对模型（1）进行估计，得到的结果如表5-4所示。估计的结果为调整的 $R^2 = 0.5332$，F值为23.4989，超过99%置信水平的要求，整体解释能力较强。具体每个变量估计结果的含义如下：

表5-4　模型（1）估计的结果

变量	回归系数	标准差	t 值	p 值
常数项	0.300492	0.185315	1.621515	0.1185
lnAS	0.300262	0.189437	1.585023	0.1272
lnY	0.935261*	0.473185	1.976524	0.0608
lnS	0.296631*	0.154329	1.922073	0.0652
lnR	-1.205561***	0.365995	-3.293932	0.0033
D_1	-0.107404***	0.025100	-4.278975	0.0003
D_2	0.008253	0.192462	0.042882	0.9662
D_3	0.064372**	0.026969	2.386875	0.0246
D_4	0.086322***	0.015771	5.473383	0.0000

*、**、***分别表示在10%、5%、1%显著水平上通过检验

人均土地面积 AS 对土地转出意愿价格弹性的影响方向虽然为正，但是 t 检验没有通过，这表明人均土地面积 AS 对土地转出意愿价格的影响不显著。调查中发现有些人均土地面积多的农户愿意将部分土地流转出去，自己只留足口粮田，这样的家庭主要是青壮年劳动力外出务工，家里由老人在家务农和照顾小孩上学。从流转的情况看，流转的价

格多在100—300元/亩。这表明从确保家庭粮食安全方面考虑土地流转的价格不是很高。但一些人均土地面积较大的农户表示愿意在价格较高的时候才愿意流转出去，这类农户主要是家庭主要成员在家务农，人均土地面积大意味着在家务农也可以得到较多的收入。同时调查中也发现人均耕地面积少的农户有些愿意将土地流转出去，原因是经营这些土地的机会成本较大，也有一些农户不愿意流转，主要是为了解决口粮问题。调查中发现土地质量比较好的地块，人均三分耕地（一年两熟）就可以满足一个人一年的口粮。

土地单产Y对土地转出意愿价格弹性的影响方向为正，且t检验通过，这表明土地单产越高，期望的转出价格也越高。调查中发现我国从2003年实施一系列惠农政策以来，农户经营土地多少都会有盈利。同等条件下，土地质量好的地块单产也高，农户自己经营会获得较高的收益，因此在流转给别人时意愿价格较高。土地质量不好的地块单产也低，农户自己经营获得的收益不高，有的时候即便是在不索要任何报酬的情况下流转出去也没人愿意转入。调查中发现这种情况下没有人愿意转入是因为带不来多少收益，虽然转出的人不要报酬，但是还是觉得欠转出农户的人情。另外，土地质量低的地块往往耕种时需要投入更多的劳动，转入者不愿意经营。

表示土地总面积S对土地转出意愿价格弹性的影响方向为正，且t检验通过，这表明土地总面积S较大的农户较土地总面积较小的农户更倾向于较高的意愿价格。调查中发现在调查地区农户土地总面积差异较大，这与人均耕地面积，家庭人口数量有关系。调查农户中土地总面积最小的农户为1.2亩，耕地面积最大的为20亩。从调查的内容看土地总面积大的农户尤其是面积达到 10 亩以上的农户来自农业的总体收入比普通农户来自农业的总收入无论从绝对数量还是所占总收入的比例看都要高。调查中发现一种现象，耕地面积比较大的农户更倾向于转入土地，农户这样做的目的是因为各种原因不能够外出务工，自己的地又不够耕种，于是就多转入一些土地以增加收入，平时大部分时间都能够通过家庭成员的劳动完成农活，只有在农忙时需要少雇用几个临时工人来完成。

务工人员占家庭劳动力的比例 R 对土地转出意愿价格弹性影响方向为负，且 t 检验通过，这表明务工人员占家庭劳动力的比例 R 越高，对土地转出意愿价格则越低。调查中发现现代家庭人口数量趋于小型化，总体上看主要由年轻人组成的家庭更倾向于外出务工，由年轻人组成的家庭又分两种类型，一类是孩子比较小的家庭，一类是没有小孩或孩子已经上学的家庭。前者由于要照看孩子的原因，有些家长就在附近找些零碎活，同时耕种自己家的土地。后者因为没有太多的家庭顾虑又容易找工作，因此就更倾向于外出务工。一方面这些外出务工的家庭，农业经营收入在整个收入中所占的比重较低，土地显得相对不是很重要；另一方面，外出务工的家庭多是年轻人组成的家庭，年轻人对土地的感情与年龄较大的人相比要弱一些。两个因素的共同作用使得务工人员占家庭劳动力的比例比较高的农户愿意以较低的价格流转出去。调查中发现由年轻人组成的家庭已经流转出土地的报酬普遍较低，多在每亩200 元左右，有的甚至没有要报酬。

种植作物的类别 D_1 对土地转出意愿价格的影响方向为负，且 t 检验通过，这表明种植粮食作物（D_1 取值为 1）的农户对转出土地的要价要低于种植其他作物，如经济作物、水果、花卉、经济林等（D_1 取值为 0）的要价。在调查中发现在一些有名的农作物原产地，农户种植经济作物、水果、花卉、经济林（主要是速生杨）的较多，如邓州的烟叶、杞县的大蒜、灵宝的苹果、鄢陵的花卉、新郑的大枣这些原产地，由于这些经济作物、水果、花卉、经济林有一定的规模和知名度，各地客商慕名而来，生产出来的农产品很容易销售，并且价格也相对较高。有不少农户通常依靠种植这些作物也能够获得较高收入，再加上农产品的价格波动较大，有的年份收入较高（如绿豆、大蒜、板蓝根的价格不稳定，有时能超出常年好几倍），有过这些经历的农户仍有"一年致富"的心理。这些地区的农户通常不轻易转出土地，平时维持这些作物的种植，等待价格好的年份获得较高收入。纯粹种植粮食的农户由于粮食保护价的原因，收益比较稳定，但是收益较低。由于土地带来的收益高低不同，因此种植其他作物的农户对土地流转意愿价格要比种植粮食的农户高。

户主年龄类别的虚拟变量 D_2 对土地转出意愿价格的影响方向为正，但 t 未通过检验，这表明户主年龄类别对土地转出意愿价格的影响不确定。其原因可能是调查的农户中全部由老人组成的家庭比较少，大部分年龄大的老人仍然和子女一起生活，这可能导致在统计上不显著。但是在调查中确实发现有几家由老人组成的家庭明确表示无论给他们多高的转出价格他们都不愿意流转土地，因为土地是他们的唯一收入来源。他们认为自己年龄大了，不能够像年轻人一样外出找工作，但可以多投入些时间种地，除了种粮食外，还可以种植一些经济作物获得收入。如果将土地流转出去，得到的收益很少，最多能够解决口粮问题，其他开支就没办法解决。

灌溉设施情况的虚拟变量 D_3 对土地转出意愿价格的影响方向为正，且 t 检验通过，这表明农户对能够得到灌溉的农地的意愿价格要高于不能够得到灌溉的农地。调查中发现，土地能够得到灌溉的农户不但对自己的粮食安全很自信，还有多种种植作物种类的选择。在一些能够得到灌溉的地方，农户可以选择种植水稻，有的甚至将土地改造后用来养殖鱼、鸭、鹅等，有的种植大棚蔬菜，这些种养项目在无法灌溉的地方是无法实现的。如果是种植粮食作物，能够得到灌溉的地方农作物产量较高，并且不受干旱的影响，因此整体带来的收入较无法灌溉的土地要高一些。如果将能够得到灌溉的土地改造为种养用地，其经济效益高，平均收益比种植粮食要高得多。调查中还发现能够得到灌溉的土地一般地处地势平坦的平原或盆地，农业基础设施相对比较完善。山区或丘陵地带很少有土地能够得到有效的灌溉，因为农业基础设施的建造成本较高，效果又差，政府和农户都不愿意对这些地方的灌溉设施进行投入。

毗邻主要交通要道情况的变量 D_4 对土地转出意愿价格的影响方向为正，且 t 检验通过，这表明毗邻主要交通要道的农户对转出土地的要价要高于不毗邻主要交通要道的土地。调查中发现，毗邻主要交通要道的土地更有可能被改变农业用途，也更有可能被征用，这与农业用途的收益相比要高得多。事实上调查中沿途就可以看到毗邻主要交通要道的土地有不少被建筑物所占用，有的被企业占用，有的成为居民宅基地。这些被占用的土地中有的是通过合法程序取得土地使用权的，有的则是搭建的简易临时性建筑，不过这些用途的改变带来的收益较高。调查中发现拥有毗邻主要交通要道土地的农户希望在这些土地上建房子，然后将房子出租出去收取租金。因此农户对毗邻主要交通要道的土地索要的转出价格很高，有的甚至已经私下以较高的价格进行了买卖。由于地理位置的原因，不毗邻主要交通要道的土地改变农业用途的可能性相对较小，收益与非农用途相比低得多，因此流转时意愿价格也较低。

5.1.3.2 转入户意愿价格模型结果分析

利用问卷调查的数据对转入意愿价格模型（2）进行估计，得到的结果如表5-5所示。从估计的结果看调整 $R^2 = 0.5991$，F 为33.4061，超过99%置信水平的要求，整体解释能力较强。具体每个变量估计结果的含义如下：

表5-5 模型估计的结果

变量	回归系数	标准差	t 值	p 值
常数项	2.043253	1.0250687	1.993284	0.0564
lnY	0.553073 **	0.2842000	1.946070	0.0617
lnS	0.343535	0.8639825	0.397618	0.6944
lnR	-0.049397 ***	0.0035526	-13.90466	0.0000
D1	-0.361571 *	0.1853040	-1.951231	0.0615
D3	0.065762 **	0.0283231	2.321853	0.0290
D4	0.596581	2.3348179	0.255515	0.8005

*、**、*** 分别表示在10%、5%、1%显著水平上通过检验

粮食单产 Y 对土地转入意愿价格弹性的影响方向为正，且 t 检验通过。这说明粮食单产越高转入的意愿价格也越高。调查中发现绝大多数农户表示转入土地后不会改变土地的用途，主要还是种植粮食等，但在农业专业化程度高的地方，农户表示转入土地是为了扩大专业种植规

模，但也会参照粮食的单产来评估土地的质量支付合适的价格。对于单产较低的土地，尤其是在山区，农户普遍表示耕种土地的目的就是为了保证口粮，不愿意再多经营，在这种情况下，农户转入土地的支付意愿价格就很低甚至为零。

农户耕地总面积 S 对转入意愿价格弹性的影响方向为正，但 t 检验没有通过。这说明农户耕地总面积对土地转入意愿价格弹性的影响不显著。在调查中发现无论是土地总面积大的农户还是土地总面积小的农户都不愿意支付超过每亩 500 元的价格，大部分在 300 元以下。总的来看，土地总面积大的农户更愿意转入土地，原因是土地总面积大的农户依靠土地经营也能得到不少收入，既然不外出务工，不如专业务农，而作为农业专业户来说，自己家的土地又显得不够经营，于是就打算再转入土地。在同一个地方农地总面积不同对农地转入价格影响不大，但是也发现在农业专业化程度比较高的地方，比如烟叶、花卉和蔬菜种植较集中的地区，农户愿意以较高的价格转入土地。

务工人员占家庭人口的比例 R 对土地转入意愿价格弹性的影响方向为负，且 t 检验通过。这说明务工人员占家庭人口的比例越高，愿意接受的土地转入价格越低。调查中发现，一些主要依靠外出务工获得收入的家庭，平时只有老人和小孩在家，能外出务工的都外出了，老人和小孩能够经营少量的口粮田，不愿意再多经营土地。有的由年轻人组成的家庭甚至没有人在家，全部外出务工，因此也就谈不上转入土地的意愿。本调查之所以在 2 月份进行主要是因为春节期间，大部分外出务工的农户也在家，能够抽到各种样本。

种植作物是否是粮食 D_1 对土地转入意愿价格的影响方向为负，且

t 检验通过。这说明种植其他非粮食作物，如经济作物、水果、蔬菜等的农户与种植粮食的农户相比更愿意接受稍高的土地转入价格。调查中发现由于种植非粮食作物获得的收益通常情况下比纯粹种植粮食要高，因此有支付较高转入价格的条件，大部分农户表示也可以接受适当高一点的转入价格。这一点在农业专业化比较高的地方表现的更突出。

土地是否能够得到灌溉 D_3 对转入土地意愿价格的影响方向为正，且 t 检验通过。这说明有灌溉条件的土地可以得到更高的转入价格。调查中发现，有灌溉条件的土地如果是种植粮食可以获得较高的产量，如果改为养殖用地则可以获得更高收入，并且这种土地的数量比较少，相对稀缺，转入者愿意支付较高的价格。

土地是否毗邻主要交通要道 D_4 对转入土地意愿价格的影响方向为正，但 t 检验没通过。这表明土地是否毗邻主要交通要道对土地转入价格的影响不确定。调查中发现如果转入的农户是为了继续经营农业，土地是否毗邻主要交通要道对转入的价格没有影响。但是对于那些想从事一些非农活动比如建造临时住宅或者搭建简易设施做生意等则愿意以较高价格转入土地，但这些农户数量较少，导致在统计上不显著。

5.2 不平等主体之间土地流转模式中的农民意愿

不平等主体之间土地流转模式是指农户与企业、基础政府、集体经济组织之间的土地流转，具体包括入股、拍卖、土地信托、反租倒包、

"双放弃，三保障"、"土地换社保，宅基地换住房"、"两分两换"7种模式。

5.2.1　入股模式中农民意愿

目前我国各地在以入股模式的土地流转中也有不同做法。其中主要有两种区别，一种是土地流转在农户和农业合作社之间流转，另一种是土地流转在农户和企业等经济组织之间的流转。前一种流转是中央政府所支持的，后一种模式则中央并不鼓励，原因在于前一种模式中农户是自愿的，后一种模式中被迫流转时有发生。但是后一种模式是地方政府、基层组织和企业的意愿是比较高的。地方政府视土地流转增加为政绩，基层组织可以通过土地整理所新增加的土地获得免费股权，企业则希望通过经营土地获得利润。农户将土地流转给企业后，为了解决就业问题，要么进城务工要么到企业务工。事实上到企业务工也不是转出土地的农户所有劳动力都可以进企业的，因为企业需要不了那么多工人，通常是每个农户中给一定数量的指标，并且对工人也有一定的要求。另一方面，企业面临市场风险，进企业务工的农民工工作稳定性也不确定，中央政府担心如果这种土地流转方式过快，转移的农民过多会影响社会稳定。同时一些企业转入土地后并非用于农业经营，而是改作工业、服务业用地等，经过一段时间的渐进式改造，最终彻底脱离农业。中央政府担心会威胁到粮食安全，因此也不提倡。普通农户担心土地入股后没有话语权，能够代表农户进入公司高层的往往是村干部，村干部可能和大股东联合使普通农户利益受损。正是这些原因，中央曾多次对土地入股进行规范。如2001年，中央发出《关于做好农户承包地使用权流转工作的通知》中指出："企业和城镇居民随意到农村租赁和经营农户承包地，隐患很多，甚至可能出现土地兼并，使农民成为新的雇农或沦为无业游民，危及整个社会稳定。""中央不提倡工商企业长时间、大面积租赁和经营农户的承包地，地方也不要动员和主张城镇居民到农村租赁农户承包地。"《农村土地承包法》第四十二条明确指出："承包方之间为发展农业经济，可以自愿联合将土地承包经营权入股，从事农业合作生产。"

《农村土地承包经营权流转管理办法》第三十五条对入股进行了更明确的界定："入股是指实行家庭承包方式的承包方之间为发展农业经济，将土地承包经营权作为股权，自愿联合从事农业合作生产经营；其他承包方式的承包方将土地承包经营权量化为股权，入股组成股份公司或者合作社，从事农业生产经营。"对于社会资本进入农户，中央支持其进入产前、产后环节，提供社会化服务和开发"四荒"。

农户土地入股农业合作社模式是农户内部形成的经济组织而非外部力量促成，因此农户的自愿程度较高。农业合作社的管理层往往是从农户内部产生，农户对合作社的发起者比较了解，在一定程度上能够克服道德风险，农户入股农业合作社往往是自愿而非强迫。在我国农业合作社大部分是农业专业合作社，参与的农户都是生产同种农产品的农户，他们有着共同的利益，入股合作更有利于实现这种利益。因此中央非常支持农业合作社的发展，鼓励农民专业合作社成为土地流转的受让主体，使得农民既可以通过提高组织化程度获得产中适度规模经营的利润和产前、产后经营的利润，保证这些利润为农民所分享，保证农民从农业产业经营中获得稳定的收入。

5.2.2　拍卖模式中的农民意愿

拍卖模式是针对"四荒"的。"四荒"的流转在现实中又分两种情况，一种是和农村土地承包经营权一样，将"四荒"的土地承包经营权分配到户，村集体从中不获得任何收益；另一种是村集体作为所有权人代表全村所有农户负责管理"四荒"，并负债进行拍卖。第一模式中，农户显然是愿意的，因为没有任何成本的、公平地获得了属于自己的"四荒"经营权，农户也可以根据自己的情况和其他农户进行互换、转包、出租等。这种模式在很多地方被采用，大部分农户自己经营，主要是种植经济林。农户对这种模式比较满意的原因在于其产权是相对清晰的，其承包经营权基本上是永远归农户，村集体不与干预，农户从中获得的收益无论多少都归自己所有。

第二种模式中，大部分农户对于拍卖是不满意的，因为拍卖的好处并没有惠及普通农户，基本是村集体在支配这部分费用。由于"四荒"的所有权在法律上界定为集体所有，事实上真正的所有权为个别主要的村干部所操纵，在农村很多地方的村支书或班主任长期一直由个别人担任，其在当地的社会影响力不断巩固，普通农户没有与其抗衡的能力。这些村干部因为工资性收入很低，每人每月只有几百元，同时村集体也没有其他可以获取收入的资产，在这种条件下村干部只能在"四荒"上打主意，通过各种办法不公开或简单通过某种手续将"四荒"拍卖，拍卖的收益多少都归村集体支配，实际上是归个别村干部支配。有些农户对于"四荒"的拍卖根本就不知情，有些知情的农户迫于村干部的社会影响力也不过问，大部分农户对这些"四荒"也不是很关心，因为在他们看来"四荒"是公地，涉及自己利益的部分在所有农户利益中是很小的一个比例，为了这点小利益不能够得罪村干部。不过一些地方村集体因为欠有债务，根据我国现有的"三农"政策没有什么收入，通过拍卖"四荒"可以获取收入支付债务。因支付债务或作为村里开支成为拍卖"四荒"的主要理由，这种拍卖往往有一个低价，在此基础上议价，通常"四荒"的拍卖价格很低，但是由于面积较大且拍卖的时间长，因此总体上还是可以拍卖不少收入。这些收入因为与普通农户关系不大，没有得到好处的一般农户对此感到不满意。

5.2.3　土地信托模式中的农民意愿

土地信托模式在全国实施的地方不多，有较大影响力的是湖南省益阳市"草尾镇模式"、福建的"沙县模式"。从这两种模式的社会影响来看是比较积极的，相关的各级政府和媒体对这种模式进行了分析和肯定。从相关资料提供的数据看在这些地方土地的流转率与模式推行前有了很大的提高，如根据福建省沙县政府 2019 年工作报告的内容，该县通过推进土地信托流转，实现整村土地流转，全县土地流转率达74.3%。政府工作报告指出沙县土地流转经验被国家农业农村部作为改革典型经验在《农村改革动态》专版推介。"草尾镇"模式中土地流转面积也高达 60%。并且也没有出现农户不满情绪的报道。从这些证据看农户对这种流转模式是接受的，究其原因是农户的利益有保障，大部分风险由政府承担。从这两种模式的做法上看，与农户直接交易的是政府支持成立的土地信托公司，农户对这种模式的信任与对政府的信任有关。在农户与企业交易时，农户担心的是企业不履行合同，而企业主往往不是本地人，经营失败逃避责任的可能性大，有的甚至无法找到企业负责人。在信托模式中，政府是长期存在的，并且政府承诺无论企业经营好坏，政府是否有损失，都会履行合同中对农户的承诺，并且有风险基金为担保，可以取得农户的信任。农户对基层政府是信任的，参与这种模式也是比较满意的。

这种模式是否能够成功的关键在于基层政府是否推动有关，更重要的是这种模式的推广要有较好的社会经济发展条件和较多的涉农龙头企业。如果没有涉农企业的转入，政府支持成立的土地租赁公司不能够及时转出土地就没有收益，自身也无法正常运转，更谈不上给农户支付租金，财政资金的支持也不能够长期无限期的支持。正是由于当地社会经济发展条件的情况和涉农企业的情况决定了这种模式只是在有些地方可以进行推广，有些地方是无法推广的。

5.2.4　反租倒包模式中农民的意愿

反租倒包模式目前在全国基本上是禁止的，但在一些地方仍然存在，有些地方政府常常对外宣传其看起来比较好的方面比如调整农业结构、发展现代农业等，对于普通农户利益的损害则避而不谈。中央并不提倡反租倒包，就是因为中央通过调查发现反租倒包模式违背了农民的意愿，农户的利益受到较大的损失。早在2001年12月30日《中共中央关于做好农户承包地使用权流转工作的通知》（中发［2001］18号）中明确指出："土地流转的主体是农户，土地使用权流转必须建立在农户自愿的基础上。在承包期内，农户对承包的土地有自主的使用权、收益权和流转权，有权依法自主决定承包地是否流转和流转的形式……由乡镇政府或村级组织出面租赁农户的承包地再进行转租或发包的'反租倒包',不符合家庭承包经营责任制度,应予制止。"2008 年一号文件《中共中央国务院关于切实加强农业基础建设进一步促进农业发展农民增收的若干意见》更明确指出:"坚决防止和纠正强迫农民流转、通过流转改变土地农地用途等问题,依法制止乡、村组织通过'反租倒包'等形式侵犯农户土地承包经营权等行为。"

从中央对反租倒包模式的否定基本上可以判断该模式中大部分地区在流转过程中是农户所不愿意的。但是为什么在一些地方反租倒包土地流转模式还能够实施呢?根据学者们的研究是农户和村集体在利益博弈中处于劣势地位,村集体的自利会导致对普通农户的掠权。在这种情况下农户的反应不同出现的结果不同。如果农户集体选择沉默,就会造成农户的利益受损,如果农户集体反抗,村集体不得不和农户协商谈判。如果少数农户选择反抗而大部分农户选择沉默,仍然可能得到不利于农户的结果。我国农村地区,本身农户的法律意识就不高,再加上社会地位低下,在维权过程中也处于不利地位,维权的成本也难以让其承担,在这种情况下,大多数农户会选择沉默,因此农户利益受损事件时有发生。

5.2.5 "双放弃,三保障"模式中农民的意愿

"双放弃,三保障"模式被一些地方作为一种推动城镇化的有效途径所采用。在全国较有影响力的是重庆和成都这些地方的做法,该做法是在国务院批准重庆和成都为全国统筹城乡综合配套改革试验区中广泛采用的一种做法。这种做法没有在全国推广,但是也没有被禁止,国内

有不少学者对这些做法进行了研究，表示支持的居多，几乎没有看到有反对的声音。从这种模式的内容上看是很好的模式，如果各种关系处理得比较好，是一种平等的交换而不是剥夺。农民失去的是土地，包括宅基地和承包地，得到的是就业、住房和社保，集体组织收回的是包括宅基地和承包地，这种交易是一次性的，农民交出宅基地和承包地后就彻底脱离了与土地的关系，因为有了就业、住房和社保，被认为是与城镇居民无异，这种模式被认为是彻底的城镇化模式。这种土地流转模式和政府征地是有区别的，区别就在于政府征地后土地的所有权归国家，而这种模式中土地流转后土地所有权归集体所有。

"双放弃，三保障"模式中农民是否满意主要取决于两点：第一是农民从这种交易中是否需要另外支付费用；二是原来的生活方式是否有很大的改变，也就是是否比以前更方便。对于第二点来说决定了这种模式只适合于城市近郊的农民，因为城市近郊的农民在城市发展的过程中，已经有了融入城市的一个过程，不是一下子变为市民，生活方式上不适应。他们已经习惯于住楼房，在企业上班，靠工资收入生活，生活中的粮食蔬菜等商品都是通过市场解决，与远郊的农民在生活方式上是不同的。事实上，这种模式就是在城市近郊实施的，农民是否满意的关键在于第一点，因为城市近郊的土地如果改变用途其价值会发生巨大变化，农民普遍意识到这种价值，这就意味着集体组织和农民在土地流转交易中要体现出农民土地的价值，不能让农民吃亏。但是集体组织将土地流转到手以后要进行平整、改造等，要提供一些基础设施服务，还要给居民建造房屋和给农民相应补偿，也要花费不少成本，这些成本也要从土地增值后的收益中支出。土地用途改变带来的增值收益是一定的，因此这些增值收益如何在农民与集体组织之间分配是决定农民是否满意的关键。这就取决于土地价值的评估、农民原有住房价值的评估、农民在决策中的参与度等。重庆和成都通过这种模式使大量的农民身份发生了转变，并没有引起社会的不安，说明大部分农民还是愿意接受这种模式。

5.2.6 "土地换社保，宅基地换住房"模式中农民的意愿

"土地换社保，宅基地换住房"模式在全国有些地方实施，是地方政府主导模式的，其目的是为了探索城镇化、新农村建设的路子。这种模式比较有影响力的地方是天津滨海新区和山东一些地方的做法，最先是山东的诸城，其先撤销全部行政村，几个小村庄合并成大的农村社区，引导农民集中居住，后来淄博、临沂、济宁、德州、聊城等地也采用了这种做法。这些做法从内容上看好像与重庆与成都的"两放弃，三保障"相似，但实际上是有较大差异的，重庆与成都是特大城市，其吸纳农民工的能力强，实施这种模式主要是城市近郊的农民。而山东一些地方的做法并不具备这些条件，在不是城市郊区的地方这样做，必然引起农民生活方式的不适应。同样是这种模式，天津滨海新区的做法并没有被批评，而山东的做法却受到质疑，究其原因是因为山东推广这种模式时条件不够成熟。如2010年8月26日的《广州日报》和8月30日央视的"新闻1+1"节目都对这种做法提出了质疑，质疑的焦点是：集中居住后，上楼农民务农用的农机具没有地方放，牲畜没有地方养，距离承包地远，种地不方便等。从相关材料中可以看出农户对这种模式是不满意的，最根本的是没有解决农民的就业问题，集中后农民还是要

从事农业生产，原来的生活、生产方式没有变。这与城市郊区农户不同，城市郊区农户大部分已经很少务农，承包土地有的被征用有的被改变农业用途，宅基地大多也都建房后出租，就业基本上都非农化，不存在存放农机具和养牲畜的问题，也不存在距离承包地远的问题，生活用品都通过市场解决。

"土地换社保，宅基地换住房"模式也受到官方高层的批评，比如中央农村工作领导小组副组长、办公室主任陈锡文在接受央视访谈时指出："很多地方宅基地换房，承包地换社保。农民的住宅是合法的财产权益，而社会保障是应该政府提供的公共服务，在哪个国家、在哪个地方可以跟老百姓讲，你要获得我的公共服务，你就要拿你自己的财产来换，没有过这种事情。所以这是在制造新的不平衡。"政府之所以这样做的目的是以户籍改革、新农村建设、城市化等名义进行土地储备，不是为了改善农民的居住条件和各项社会权利。不过对于城市近郊的土地流转还是要积极支持，因为城市近郊的土地功能和远离城市的土地功能应该区分开来，城市近郊的土地性质和用途变化是社会发展的必然要求，要通过合理的方式与途径进行流转，关键是要确保农民利益，做到农民满意。

5.2.7　"两分两换"模式中农民的意愿

"两分两换"模式是在浙江嘉兴地区一些地方出现的土地流转模式，这种模式在全国其他地方没有出现。在这种模式中农民的意愿得到了较好的尊重，根据这种模式宅基地流转和承包经营的土地流转是分开的，农户可以根据自己家庭的情况决定是否参加土地流转以及是哪种方式的流转。由于各个地方的情况不同，在嘉兴最早实施"两分两换"模式的三个镇即七星镇、余新镇和姚庄镇实行了三种模式，在很大程度上就是因为尊重农民意愿的原因。比如宅基地流转中，七星镇是公寓房安置，余新镇是自建房、公寓房和货币补偿三种形式，农民可以选其一，姚庄镇农民不能够自建房但可以选择类似自建房的户型、标准公寓或货币补偿。在承包土地流转方面，七星镇和余新镇的方式是土地流转给政府指定的公司，农民获得一定的租金收入。在七星镇，租金收入为每亩每年700元，每年递增50元。在余新镇，租金则为每亩每年600元，每两年上浮10%。姚庄镇农民由于经营大棚蔬菜、黄桃等高效农业的较多，农民平均每亩的收益超万元，土地流转的租金对农户没有什么吸引力，在这种情况下姚庄镇在流转中允许农民自行耕种，当然也可以通过土地流转平台流转以获得租金。

"两分两换"模式总是比较尊重农民意愿的，主要体现在以下几个方面：一是流转工作做了充分的调研，如七星镇"两分两换"工作组前期经过多次调研，光置换方案就改了65稿，这充分说明工作中对农民的意愿有相当的尊重。二是从具体推行工作中并没有搞一刀切，而是因地制宜地采用不同模式，并为农民提供了多项选择，农民可以根据自身情况来确定是否流转以及选择哪种流转方式。第三，在这种流转模式推动两年之后仍然有少部分农民没有参与土地流转也没有受到责难。"两分两换"模式中农户参与的比例在大部分地方大致为70%—80%，这意味着仍有20%—30%的农民是不愿意参加这种模式的，具体原因有多种情况：有的是因为新盖的房屋，认为参与后会有损失；有的认为财产评估的价格不如预期的高，也不愿意参与；有的因为人口流动户口迁移导致利益受损；有的因为担心新的安置房没有建好，如果参与的早会导致暂时无地方安家。

"两分两换"模式是比较好的一种土地流转方式，一是因为流转中尊重了农民的意愿，二是因为这种流转方式可以有效推动城镇化并确保土地用途不变。但是其未在全国其他地方推行的原因是因为这种模式要求条件较高，经济不发达的地方无法实施，另外由于要尊重农民意愿，不搞一刀切，不同农户的家庭情况决定了推进过程十分复杂，没有足够的勇气是无法实施的。其他地方复制嘉兴模式的条件是：集中居住所节约土地的价格，必须高于每户拆迁成本，否则就不能实现政府收支平衡。据当地政府估算"两分两换"每个村的投入在3亿—5亿元，全镇总投入需要十几个亿。这些投入是政府首先要投入，然后从置换出的建设用地指标中拍卖土地弥补这些投入。这就要求土地的拍卖价格要高，推行"两分两换"模式的地方土地拍卖价格大多在150万/亩以上，七星镇的土地拍卖价格高达180万/亩，很显然在我国大部分地方都不具备这种条件。另外当地政府也承担着较大的风险，因为"两分两换"模式设计之初，就期望达到土地的成片流转。一两户的不参与流转，将极大地影响土地的流转效率。这些导致土地不能够成片流转的风险由当地政府承担，财政收入较少的地方政府是无法承担这种风险的。

5.3 土地不同流转模式中农民意愿比较

为了对土地不同流转模式中农民意愿进行比较，笔者通过参与主体、博弈中农民地位强弱、农民意愿、判断依据等方面进行比较。

从表5-6可以看出，在不同土地流转模式中，农户愿意参与的土地流转模式是转让、转包、互换、出租、代耕、继承六种模式，因为在这些模式中参与的主体是农户之间的自发行为，没有中介组织，没有政府和村集体的参与，不具备强迫的条件，是其真实的意思表示。入股、土地信托和"双放弃，三保障"三种土地流转模式中，农户参与的意愿为一般，也就是可能有少数人不是很愿意但也不是很反对。虽然三种模式中农户参与的准则之一是自愿加入，但是不同农户的具体情况不同，有一些人不愿意参加也属正常，但是因为这三种模式的最终土地使用者是做农业项目的农业公司。农业公司通常要投入资金，通过现代农业生产方式获得更高利润，这些模式中要求土地流转要规模化、机械化和标准化。我国土地分配呈插花状，如果有个别农户不参与土地流转会使得整个农业企业的土地使用效率下降，在这种情况下，通常通过说服等方法劝导个别不愿意参与的农户也加入。入股和土地信托中，农户和农业合作社以及土地信托公司之间是比较平等的一种关系，并且合作入股也是土地承包法等相关法律支持的一种土地流转方式，土地信托流转模式也没有出现负面报道。成都等地推行的"双放弃，三保障"做法也没有负面的报道，种种证据表明这些模式没有被农户所反对。拍卖这种土地流转模式，由于农户了解实情的不多，对其意愿不好做结论，只能根据具体情况进行判断。

表5-6 土地不同流转模式中农民意愿比较

指标 类型	参与主体			农民地位	农民意愿	判断依据
	转出方	中介	转入方			
转让	农户	无	农户	平等	愿意	自愿交易
转包	农户	无	农户	平等	愿意	自愿交易
互换	农户	无	农户	平等	愿意	自愿交易
代耕	农户	无	农户	平等	愿意	自愿交易
继承	农户	无	农户	平等	愿意	——
出租	农户	无	农业大户 或涉农企业	较平等	愿意	自愿交易
入股	农户	无	农业合作社	较平等	一般	自愿交易
拍卖	村集体	无	个人或企业	弱势	不确定	不关心
土地信托	农户	信托公司	农业企业	较平等	一般	没有负面报道
反租倒包	农户	村集体	农业企业等	弱势	不愿意	中央禁止
双放弃， 三保障	农户	基层政府	企业	弱势	一般	没有负面报道
土地换社保， 宅基地换住房	农户	基层政府	企业	弱势	比较不愿意	有负面报道 但有成功案例
两分两换	农户	基层政府	企业	较平等	愿意	有选择权

反租倒包和"土地换社保，宅基地换住房"两种土地流转模式中，农户是处于弱势的地位，不少媒体报道是负面的，同时中央也表示不提倡甚至是禁止，这些证据表明农户是不愿意参与这两种模式。但是"土地换社保，宅基地换住房"这种土地流转模式在天津滨海新区推行取得了一定成效，至少媒体的报道未发现负面的。山东一些地方的这种做法为媒体所批评，可见这种模式中农户的参与意愿与具体做法有较大

关系，更重要的是与当地经济发达程度也有很大关系。"两分两换"模式中，参与的农户无疑是愿意的，因为在这种模式中农户有选择是否参与的权利（一旦参与就不能够反悔），如果认为得不偿失就不会参与。

中央的相关文件反复强调对于现代农业的理解，要与我国的发展阶段和我国国情联系在一起，要有"历史的耐心"。我国长期处于社会主义初级阶段的性质没有改变，我国有大量的农民还生活在农村，还需要通过土地解决温饱问题，因此土地流转一定要尊重农民意愿，正如中央所要求的无论是哪种模式的土地流转都"不得违背承包户意愿、不得损害农民权益、不得改变土地用途、不得破坏农业综合生产能力和农业生态环境"。要让农民成为土地流转和规模经营的积极参与者和真正受益者，要把农民利益放在首位，而不是政府和企业的利益。

第 6 章

农村土地承包经营权流转中适度规模分析

　　我国土地流转模式虽然有转让、转包、互换、出租、入股、代耕、拍卖、土地信托、反租倒包、继承、"双放弃，三保障"、"土地换社保，宅基地换住房"、"两分两换"十三种模式，但并非每一种模式都能够符合现代农业发展的要求。从现代农业发展的需要看，适度规模经营是必然。近年来关于土地流转中规模适度的问题提的比较多，但是到底多大规模比较适度。我们当然不可能像美国一样形成动辄上千亩的大农场，也不可能像欧洲一样形成几百亩的中型农场，因为我们的资源禀赋和人口数量差异非常大，我们只能结合中国的国情讨论适度规模问题，同时也要承认适度规模是一个动态的变化过程，在社会发展的不同阶段农场的规模也不一样。

　　学界的共识认为适度规模经营是发展现代农业的必由之路，关于土地适度规模经营的规模问题，有两种研究角度：一种研究是从宏观上指出一个区间。如党国英（2013）认为平原地区家庭农场经营大田作物的不能超过 300 亩，经营蔬菜的不能超过 30 亩，规模再大就容易形成二次转包。陈锡文（2013）认为我国大部分家庭农场的规模应在几十亩到上百亩，东北地区可以达到上千亩。可见在我国大部分地区土地规模经营的范围应在100—300亩之间较为合适。韩长赋（2014）认为应重点扶持土地经营规模的务农收入相当于当地二、三产业务工收入或土地经营规模相当于当地户均承包土地面积10—15倍的农户。这主要考虑到我国农户平均承包土地面积不足8亩，10—15倍在100亩左右，按每户家庭2个劳动力种粮计算，适度规模经营的劳动力人均收入可相当于出外打工；另一种研究是结合具体地方进行实证研究，计算出规模经营的区间。如朱方林、王清举、朱大威（2014）运用微观经济学原理进行经济学分析和测算，得出江苏省宿迁市粮食生产适度规模经营应在58.5—87亩之间。王国敏、唐虹（2014）对四川山地丘陵区农地适度规模经营的有效性及其限度进行了研究，指出25—35亩是四川这类人多地少山地丘陵地区的适度规模区间。陈锡文（2013）指出中国有18亿亩耕地，按平均一个家庭经营100亩计算，只需要1800万户就够了。第二次全国农业普查显示我国有农户多达1.98亿户，这样需要转移出去的比例为90%以上。因此发展适度规模经营，既要积极鼓励，也要与非农就业机会、农村劳动力转移规模、农业社会化服务水平相适应。目前，在中国发展规模经营，规模太大脱离中国实际，规模太小导致农民收入少，种地意愿下降，农产品没有竞争力。到底适度规模经营的规模应该为多大是需要研究的问题，基于此，下面首先对土地适度规模经营大小的判断依据进行分析，然后结合河南省的具体情况计算土地适度规模的大小并提出政策建议。

6.1 土地适度规模经营大小的判断依据

土地适度规模经营大小的判断依据可以有多个标准，如投入产出效率最高、收入最多、社会公平等。在我国考虑到城乡协调发展，应以收入作为土地适度规模经营的判断标准并需要考虑收入的地区差异和动态性。

6.1.1 收入应当作为适度规模经营的判断标准

作为适度规模的判断标准，有不少学者按照经济学上规模报酬寻找最优解，但是从实际情况看并不理想。一是这些研究结论不一致，可信度低。现有的研究结论有三种：一种研究结论认为规模小比规模大更有效率，如李谷成等（2010）、王建军（2012）通过国内外的实证研究得出小农更有效的结论；另一种研究结论认为大规模农户比小规模农户更有效，如梅建明（2002）、宋伟等（2007）通过统计数据和调查数据得出单产与规模正相关；第三种观点认为规模与效率关系不大或无关，农业生产具有规模报酬不变的特征如许庆等（2011）。笔者认为这些研究之所以出现不同的结论与数据的准确性有很大关系，这些数据大多来自农户调查数据，根据笔者在农村调查的经验，绝大多数农户对作物的产量和生产资料投入的数据是没有准确记录的，一般是经验估计。我国农村人均耕地面积少，经验估计造成的误差百分比较大，可信度低。从我国的基本国情看，将收入作为土地适度规模的判断标准更合适。一是因为我国农户平均耕地面积少，绝大部分农户通过农业获得的收入较少，如果不解决规模偏小的问题，从事农业获得的收入与从事其他产业的收入相差越来越大，从事农业的积极性会下降；二是因为我国未来农户发展的主要选择是家庭农场，家庭农场是专业农户，其收入的最主要来源是农业，如果家庭农场的人均收入偏低将无法持续经营下去，要发展未来的家庭农场，需要其在收入方面与其他产业达到均衡。

6.1.2 城镇在岗职工人均工资性收入应为最佳指标

收入有一系列的指标如原始收入、可支配收入等，收入的构成又包括工资性收入、财产性收入、转移支付收入等。结合我国实际情况应选取城镇在岗职工平均工资性收入作为适度规模经营的参考指标。原因是：第一，工资性收入是城镇在岗职工收入的最主要组成部分，是通过劳动所获得的报酬。平均工资反映了大多数人的一般水平，具有代表性。而财产性收入、转移支付收入并不是每个在岗城镇职工都有且与劳动无关，可以不予考虑；第二，以城镇在岗职工平均工资性收入为参考值，反映了农村发展的未来方向是务农人员平均劳动收入要和在岗城镇职工平均工资性收入持平或高于城镇在岗职工平均工资性收入，消除城乡收入差别；第三，在岗城镇职工是在岗人员，排除了请假、离岗等特殊情况，与家庭农场的实际经营人员有可比性，也反映了人均生产效率。不选择城市居民人均收入作为土地适度规模经营判断标准的原因在于农村家庭和城镇家庭的人均赡养系数差别比较大，没有可比性。不选择第二产业职工平均收入或第三产业职工平均工资收入作为土地适度规模经营判断标准是因为第二产业和第三产业内部又有很多不同的行业，每个行业职工平均工资都有差别，农户不一定有专业知识，对产业、行业划分可能不熟悉，对城镇在岗职工的概念会更熟悉，更容易理解。将城镇在岗职工平均工资性收入作为适度规模经营收入的参考指标更容易被他们接受。

6.1.3 收入指标的区域差别与尺度

收入指标选定后，还需要解决的一个问题是城镇在岗职工平均工资性收入的区域尺度问题，即选在全国、省级、地市级、县级、乡级五级区域中的哪一个层次。如果选取全国进行统一计算显然是不合适的，因为我国各个地方的收入差异非常大，如人力资源和社会保障部发布的《薪酬发展报告（2013—2014）》显示2012年我国地区工资差距为2.33倍，另外我国不同地方种植作物种类也有很大区别，没有可以统一参照的标准；如果把城镇在岗职工平均工资性收入的区域尺度放在省一级也不合适，同样会面临收入差别较大和作物体系不同的问题；如果将城镇在岗职工平均工资性收入的区域尺度放在乡级将会太小，一方面乡镇人口中城镇在岗职工较少没有代表性；另一方面乡镇区域小，而适度规模经营跨乡镇也很常见；如果将尺度放在县级，虽然收入指标的可参考性较乡级有所改善，但也会有与乡级面临同样的问题。综合上述情况，考虑到土地适度规模经营有可能跨越不同的行政区域和城镇在岗职工平均工资性收入指标的代表性，可以选取地级市的数据作为参考标准。

6.1.4 相关变量的动态性

城镇在岗职工平均工资性收入是不断增长的，而土地适度规模计算的基本公式就城镇在岗职工平均工资性收入除以每亩土地的年收益，土地的收益又取决于作物的单产、价格和生产资料的成本等。因此在这个公式中要考虑动态变化的变量包括城镇在岗职工平均工资性收入、作物的单产、价格、生产资料成本、土地租金变化等。城镇在岗职工平均工资性收入的增长率可以用新常态下经济增长率7%加两个百分点作为估计量，因为我国已经明确提出居民收入增长要不低于经济增长，根据近两年我国经济增长的情况（2013年和2014年我国城镇居民可支配收入名义增长率分别为9.7%和9.0%），考虑到经济增长的波动性，用9%作为未来工资收入的年增长率比较合适；作物单产的增长是比较缓慢的，我国粮食产量已经出现十二连增，未来每年增产的潜力已经不会很大，因此作物单产增长率比较有限；另外作物的价格也会不断上涨，由于农户种植的主要还是粮食作物，用三大粮食作物即水稻、小麦、玉米的价格基本上可以反映作物价格变化；根据我国近几年的情况可以推测农业生产资料的价格也会不断上涨。综合各种因素，预计每亩土地的年收益增长率为4.5%（计算时可以假设有各种不同的增长率分别进行预测）。除此之外，适度规模的计算时间应该确定一个周期，在一个周期内适度规模可以确定一个标准，到下个周期根据社会发展的实际情况进行适当修正。笔者认为一个周期为十年比较合适，适度规模经营主体需要逐渐培育，土地流转周期不能太短，同时经济社会发展的实际情况也在不断变化，如果周期过长给调整带来不便。

6.2 河南省土地适度规模经营的确定

河南省是我国粮食生产核心区，在全国农业生产中居重要地位，其土地适度规模经营的情况具有代表性。根据前面确定的土地适度规模经营的计算方法和河南省的相关数据可以深入分析土地适度规模经营问题。根据数据可得性，下面利用国家统计局河南调查总队2014年发布的《河南家庭农场经营状况典型调查分析》数据对前面构建的理论进行验证。

6.3.1 河南土地适度规模经营的基本情况

根据国家统计局河南调查总队《河南家庭农场经营状况典型调查分析》的数据，截至2013年12月底，按照农业部对家庭农场的统计口径，河南省有家庭农场15538家，耕种总面积达到287万亩，占河南省总耕地面积的2.35%，远低于全国平均值（农业部统计的截至2012年年底，全国30个省、区、市有家庭农场87.7万个，经营耕地面积1.76亿亩，占全国承包耕地面积的13.4%），但平均每个农场耕种面积为184.7亩，只略低于全国平均200.2亩的平均值。其中，从事种植业9887个，占63.63%；养殖业4306个，占27.71%；种养结合1083个，占6.97%；其他262个，占1.69%。经营面积在50—100亩的小型家庭农场有5013家，占32.26%；100—1000亩的家庭农场有10094个，占64.96%；1000亩以上大型家庭农场有431家，占2.77%。

另外国家统计局河南调查总队 2014 年 7 月对河南省内的尉氏县、孟津县、安阳县、卫辉市、襄城县、舞阳县、唐河县、虞城县、项城市、光山县等 10 个县（市）进行了抽样调查，调查结果（表 6-1）显示纯粮食型、粮食为主兼营其他型、经济作物或养殖型三种类型家庭农场中纯粮食型农场的平均规模最小为 290.87 亩，粮食为主兼营其他型平均规模最大为 595.93 亩，经济作物或养殖型的平均规模为 447.17 亩。但是不同类型家庭农场的经营人数却是纯粮食型最多，户均 3.5 人，其次是粮食为主兼营其他型，户均 3 人，经济作物或养殖型最少，户均 2.5 人。三种类型家庭农场中利润最高的是经济作物或养殖型，平均每亩年纯收益为 2508.33 元，其次为粮食为主兼营其他型，平均每亩年纯收益为 775.36 元，最低的纯粮食型家庭农场平均每亩年纯收益为 515.33 元，最高纯收益是最低纯收益的 4.87 倍。家庭农场平均总纯收益方面，纯粮食型、粮食为主兼营其他型、经济作物或养殖型三种类型农场年平均总纯收益分别为 149894.04 元、462060.28 元和 1121649.93 元。三种类型农场家庭劳动力人均纯收益分别为 42826.87 元、154020.09 元和 448659.97 元，粮食为主兼营其他型家庭劳动力人均纯收益是纯粮食型的 3.60 倍，经济作物或养殖型家庭劳动力人均纯收益是纯粮食型的 10.48 倍，这些数据更加明显地证实了种植粮食比较效益低。与高收益对应的是高投入，纯粮食型、粮食为主兼营其他型、经济作物或养殖型三种类型农场每亩物质的投入费用分别为 465.17 元、883.50 元和 3016.67 元，粮食为主兼营其他型、经济作物或养殖型亩均物质投入分别是纯粮食型的 1.90 倍和 6.49 倍。另外纯粮食型、粮食为主兼营其他型、经济作物或养殖型三种类型的亩均生产服务费和土地租金也依次增加，符合高投入高收益的规律。

表 6-1　调查的 50 个家庭农场相关指标

类型 ＼ 指标	单位	纯粮食	粮食为主兼营其他	经济作物或养殖
经营面积	亩/户	290.87	595.93	447.17
家庭劳动力	人/户	3.50	3.00	2.50
短期雇工人数	人/户	16.08	24.07	46.17
雇工工资	元/日	64.58	58.81	58.33
物质投入费用	元/亩	465.17	883.50	3016.67
生产服务费用	元/亩	234.43	325.43	770.00
亩均土地租金	元/亩	585.33	655.43	926.67
年纯收益	元/亩	515.33	775.36	2508.33
农场的总纯收益	元	149894.04	462060.28	1121649.93
家庭劳动力人均年纯收益	元/人	42826.87	154020.09	448659.97

注：根据 2014 年国家统计局河南调查总队《河南家庭农场经营状况典型调查分析》数据整理

6.3.2　河南省土地适度规模大小的计算

利用城镇在岗职工人均年收入除以每亩耕地年纯收益（未扣除家庭劳动力成本）就可以得到河南省各地市的适度经营规模大小。通过表 6-2 可以看出 2013 年河南省 18 个地市城镇在岗职工人均收入为 37209 元，其中收入最高的三个地市分别是郑州市、三门峡市和平顶山市，依次为 44622 元、42929 元和 42490 元，收入最低的三个地市分别是驻马店市、新乡市和信阳市，依次为 32289 元、33564 元和 34396 元。考虑到粮食安全需要和对纯粮食型农场的保护，并且如果纯粮食型农场平均每个家庭劳动力的收入能够达到城镇在岗职工收入水平，粮食为主兼营其他型、经济作物或养殖型农场经营者的收入也肯定能够达到城镇在岗职工收入水平，选取每亩纯收益最低的纯粮食型农场作为计算适度规模的分母比较合理，即用515.33作为分母。利用这些数据计算出的2013年18个地市的人均适度规模在63—87亩之间，其中最低的是驻马店市，由于其城镇在岗职工人均收入最低，人均只需要经营63亩耕地就能够达到城镇在岗职工平均收入水平，而城镇在岗职工人均收入最高的郑州市则人均则需要经营87亩耕地才能够达到城镇在岗职工平均收入水平。全省平均则需要人均经营72亩耕地才能够达到全省的城镇在岗职工平均收入水平。

表6-2 河南省各地市适度规模经营的计算结果

地市	2013年城镇在岗职工人均收入（元）	按每亩515元纯收益计算2013年人均规模经营面积（亩）	按年均增长9%计算的2023年城镇职工人均收入（元）	按收益年增长4.5%计算的2023年适度人均规模面积（亩）	按每亩515元收益计算的2023年人均适度规模经营最大值（亩）	2023年人均规模区间（亩）
郑州市	44622	87	105637	132	205	87-132
开封市	35197	68	83325	104	162	68-104
洛阳市	40469	79	95806	120	186	79-120
平顶山市	42490	83	100589	126	195	83-126
安阳市	34613	67	81941	102	159	67-102
鹤壁市	37191	72	88044	110	171	72-110
新乡市	33564	65	79458	99	154	65-99
焦作市	37794	73	89473	112	174	73-112
濮阳市	37590	73	88989	111	173	73-111

续表

地市	2013年城镇在岗职工人均收入（元）	按每亩515元纯收益计算2013年人均规模经营面积（亩）	按年均增长9%计算的2023年城镇职工人均收入（元）	按收益年增长4.5%计算的2023年适度人均规模面积（亩）	按每亩515元收益计算的2023年人均适度规模经营最大值（亩）	2023年人均规模区间（亩）
许昌市	36022	70	85276	107	166	70－107
漯河市	34751	67	82268	103	160	67－103
三门峡市	42929	83	101629	127	197	83－127
南阳市	36565	71	86563	108	168	71－108
商丘市	36815	71	87155	109	169	71－109
信阳市	34396	67	81428	102	158	67－102
周口市	36492	71	86390	108	168	71－108
驻马店市	32289	63	76440	96	148	63－96
济源市	35977	70	85170	106	165	70－106
平均	37209	72	88087	110	171	72－110

注：数据来源为2014年河南省统计年鉴18个地市数据整理，各地市数据不包含省直管县，收入均为名义收入

　　考虑到收入和每亩经营纯收益的变化，需要预测一个周期结束时即2023年城镇在岗职工人均收入和每亩经营纯收益的数值。按照人均收入每年增长9%的标准可以算出到2023年（表6-2）河南省18个地市中收入最高的郑州市、三门峡市和平顶山市城镇在岗职工人均收入将分别达到105637元、101629元和100589元，收入最低的驻马店市、新乡市和信阳市城镇在岗职工人均收入将分别达到76440元、79458元和81428元。根据前面的理论分析，种粮每亩的纯收益每年也会增长，但是没有收入增长的速度快，假定每年增长率为4.5%（收入增速的一

半），2013 年每亩 515.33 元的纯收益到 2023 年将达到每亩 800 元。用 2023 年河南省各地市的城镇在岗职工人均收入除以 800 就可以得到规模经营数据，届时 18 个地市的人均适度规模应在 96—132 亩之间。其中最低的驻马店市人均只需要经营 96 亩耕地就能够达到城镇在岗职工平均收入水平，而人均收入最高的郑州市则人均需要经营 132 亩耕地才能够达到城镇在岗职工平均收入水平。全省平均则需要人均经营 110 亩耕地才能够达到全省的城镇在岗职工平均收入水平，比 2013 年的 72 亩多出 38 亩。由于每亩纯收益受作物种类、价格、单产、生产资料价格、劳动力价格等多个变量的影响，很难准确预测，为了计算规模经营的上限，保守地假定每亩 515.33 元的收益不变，此时计算出来的人均适度规模经营面积应是最大值。从表中可以看出计算的 2023 年人均适度规模经营的最大值在 148—205 亩之间，其中郑州最大为 205 亩，驻马店最小为 148 亩。

6.3.3 河南省土地适度规模经营需要解决的问题

河南省土地适度规模经营中涉及多个问题，但是需要解决的两个主要问题是就业压力和粮农保护。

第一是就业问题。截至 2013 年年底河南省共有耕地面积 122351350 亩，有农户 20493763 户，户均耕地面积为 5.97 亩，低于全国平均水平。18 个地市中户均耕地面积最大的前三个地市分别是驻马店市、鹤壁市和信阳市，分别为 7.83 亩、7.06 亩和 6.96 亩，户均耕地面积最小的三个市分别是焦作市、平顶山市和郑州市，分别为 4.60 亩、4.73 亩和 4.84 亩。规模经营要与社会发展阶段相适应，为了验证河南省规模经营所面临的农民就业压力，笔者按照陈锡文的算法（此算法简单，但很有说服力），如果按照规模经营户均100亩估算，各地市所需要的农户均不超过目前各地市农户总数量的10%，需要转移就业的农户比例超过90%（表6-3）。对于河南省的情况，2013年全省人均需要经营72亩耕地才能够达到全省的城镇在岗职工平均收入水平，如果按照每户2个劳动力计算，户均经营面积需要144亩，高于100亩，意味着需要转移更多的农户。可见规模经营不仅是农业发展问题，更涉及就业问题，短期内是无法实现90%以上的农户转移就业的。

表6-3 河南省各地市按户均经营100亩需要转移农户情况

地市	耕地面积（亩）	农户数量（户）	各地市户均耕地面积（亩）	户均100亩所需户数数量（户）与所占地区农户比例（%）	需转移的农户数量（户）与所占地区农户比例（%）
郑州市	4976816	1028206	4.84	49768（4.84%）	978438（95.16%）
开封市	6242489	994853	6.27	62425（6.27%）	932428（93.73%）
洛阳市	6488925	1244380	5.21	64889（5.21%）	1179491（94.79%）
平顶山市	4827019	1019664	4.73	48270（4.73%）	971394（95.27%）
安阳市	6150325	1225111	5.02	61503（5.02%）	1163608（94.98%）
鹤壁市	1826906	258603	7.06	18269（7.06%）	240334（92.94%）
新乡市	7132656	1057543	6.74	71327（6.74%）	986216（93.26%）
焦作市	2934561	638468	4.60	29346（4.60%）	609122（95.40%）
濮阳市	4254408	745052	5.71	42544（5.71%）	702508（94.29%）
许昌市	5092362	821511	6.20	50924（6.20%）	770587（93.80%）
漯河市	2858000	544611	5.25	28580（5.25%）	516031（94.75%）
三门峡市	2654640	442842	5.99	26546（5.99%）	416296（94.01%）
南阳市	15853657	2442050	6.49	158537（6.49%）	2283513（93.51%）

地市	耕地面积（亩）	农户数量（户）	各地市户均耕地面积（亩）	户均100亩所需户数数量（户）与所占地区农户比例（%）	需转移的农户数量（户）与所占地区农户比例（%）
商丘市	10625189	1945516	5.46	106252（5.46%）	1839264（94.54%）
信阳市	12596221	1809564	6.96	125962（6.96%）	1683602（93.04%）
周口市	12866501	2331622	5.52	128665（5.52%）	2202957（94.48%）
驻马店市	14273922	1823892	7.83	142739（7.83%）	1681153（92.17%）
济源市	696756	120275	5.79	6968（5.79%）	113307（94.21%）
合计	122351350	20493763	5.97	1223514（平均5.97%）	19270249（平均94.03%）

注：数据来源为2014年河南省统计年鉴18个地市数据整理，各地市数据不包含省直管县

第二是粮农保护问题。河南省是我国粮食生产核心区，确保粮食生产是重中之重，但是从对河南省纯粮食型、粮食为主兼营其他型、经济作物或养殖型三种类型家庭农场人均纯收益情况看，纯粮型家庭农场最低，粮食为主兼营其他型较高，经济作物或养殖型最高，这对提高粮农的积极性很不利。2014年7月国家统计局河南调查总队调查的50个家庭农场中纯粮食型农场的平均规模为290.87亩，家庭劳动力人均年纯收益为42826.87元，已经高出2013年河南省城镇在岗职工人均年收入37209元不少。粮食为主兼营其他型平均规模为595.93亩，家庭劳动力人均年纯收益为154020.09元，是2013年河南省城镇在岗职工人均年收入37209元的4.14倍。经济作物或养殖型的平均规模为447.17亩，家庭劳动力人均年纯收益为448659.97元，是2013年河南省城镇在岗职工人均年收入37209元的12.06倍，收益明显过高，规模偏大。

6.3 本章小结

经营规模适度是土地流转的约束条件之一，也是制定土地流转政策的重要参考，以上分析可以得出以下结论：

第一，城镇在岗职工人均年收入是衡量农业经营主体适度规模经营的最好选择并可以测算具体规模。我国农业发展的未来方向是要培育一批专业农民，这些专业农民能不能留在农业领域的最主要因素是人均收入是否能赶上或超过从事其他行业。依据该指标可以计算出河南省2013年全省适度规模为平均每个劳动力经营72亩，考虑到收入和务农收益的动态性，到2023年河南省适度规模为平均每个劳动力经营110亩，最多不能超过171亩。考虑到不同地市经济社会发展的差异性，每个地方的适度规模会不同，根据以上研究可以总结出一条规律：经济越发达、城镇在岗职工人均年收入越高的地方适度规模的面积就越大，而经济越落后、城镇在岗职工人均年收入越低的地方适度规模的面积就越小。需要指出的是适度规模的大小只是作为一种参考，适度规模经营主要适合耕作条件较好的平原或盆地，耕作条件比较差的山区或丘陵地区，由于自然条件的原因进行规模经营会有困难，各个地方需要结合本地的实际情况灵活安排。

第二，考虑社会发展的协调性，河南省不宜发展面积过大的经营主体，其他省份可以结合自身资源禀赋的情况适当安排适度经营规模。上述研究表明河南省人多地少，如果按照户均经营面积100亩计算，就需要超过 90% 的农户转业。而按照上述计算的适度规模经营结果，按照调查的纯粮食型、粮食为主兼营其他型、经济作物或养殖型三种类型农场的平均劳动力分别为 3.5 人、3 人和 2.5 人，按照人均规模 72 亩计算，这三类农户的平均经营面积分别应为 252 亩、216 亩和 180 亩。而事实上调查的 50 个样本中三类农场的经营面积为 290.87 亩、447.17 亩和 595.93 亩，粮食为主兼营其他型、经济作物或养殖型农场已经高出适度规模不少。无论是按照计算的 2013 年适度规模经营结果还是按照调查的数据计算都表明，如果全部规模经营，将有远超 90% 的农户需要转移就业，这将对社会就业造成很大压力。鉴于此，河南省不宜发展规模过大的经营主体，也不宜发展过快，要与社会能够承受的就业压力相协调。对于人均土地资源与河南省不同的省份可以依据社会协调发展的要求调整适度经营的规模。

第7章

结论与建议

7.1 结 论

第一，农村土地承包经营权稳定是土地流转的前提条件。我国农村土地承包经营权流转政策经历了从禁止流转到允许一定模式的流转，是一个逐渐变化的过程。先后经历了禁止土地流转阶段、土地流转自发形成阶段、法律允许阶段和新农业政策实施阶段。目前我国土地流转政策已经比较完善和具有可操作性，为农村土地承包经营权流转提供了指导和规范。农村土地经营权流转政策是一个从简单到复杂的演变过程，法律制度日益完善。同时也可以看出这些法律法规每隔一段时间就会出台一个，对于同一个对象反复出台政策本身就说明了该问题的复杂性，可见我国土地流转将是一个长期复杂的过程。另外也可以看出在第一轮与第二轮土地承包期更迭时期对土地流转的影响带来了不稳定因素。这表明土地流转能够顺利进行的一个前提条件是土地承包经营权稳定。

第二，我国农村土地承包经营权流转有多种方式、做法，总体比较复杂。虽然我国法律法规中规定的农村土地承包经营权流转模式只有转包、转让、出租、互换、入股五种基本模式，对于别的模式统一概括为"其他模式"，但是根据现实中存在模式的做法可以分为十三种模式：转让、转包、互换、出租、入股、代耕、拍卖、土地信托、反租倒包、继承、"双放弃，三保障"、"土地换社保，宅基地换住房"、"两分两换"模式。这十三种土地流转模式不同，具体做法也有差异，总的来说土地流转提高了耕地利用效率，产生了大量的家庭农场，在一定程度上提高了农业生产的规模化水平，有良好的社会效益，但是也产生了土地非农化、非粮化、农户利益受损等不良影响，这些不良影响有违中央的政策目标。

第三，农地质量、农业生产方式、交易费用是影响农地流转的基本因素，也是分析土地流转动因的前提。十三种土地流转模式对土地质量要求方面，转让、拍卖、继承、"双放弃，三保障"、"土地换社保，宅基地换住房"和"两分两换"六种模式对土地质量并没有明显要求。互换模式要求土地质量差别不大，否则无法达成交易。转包、出租、入股、代耕、土地信托、反租倒包六种模式对土地质量要求较高，因为这六种模式中转入者主要是为了从土地流转中获得农业利润，如果土地质量较差，农业利润就会很少甚至没有利润。在生产方式方面，转让、转包、互换、代耕、继承五种模式土地流转后仍然是传统的流转模式，因为这些土地流转是自发形成的交易，一方面转入者和转出者都不会投入大量资金改变生产模式；另一方面这些自发流转的土地面积较小，也不具备现代农业规模化的要求。出租、入股、土地信托、"双放弃，三保障"、"土地换社保，宅基地换住房"和"两分两换"六种模式土地流转后就很可能变为现代生产方式。因为出租主要是流转给农业大户，入股主要是建立专业合作社，土地信托主要是流转给有农业项目的公司，"双放弃，三保障"、"土地换社保，宅基地换住房"和"两分两换"也是土地由政府要积极推进现代农业。拍卖和反租倒包两种土地流转后是否改变生产方式并不确定。因为拍卖的"四荒"土地质量较差，要想开发需要投入较多资金和劳动，是否能够实现现代生产方式关键要看转入者投入如何。反租倒包这种模式关键看土地倒包给谁，如果给普通农户，生产方式难以改变；如果给农业企业，生产方式有可能会改变。交易费用方面，转让、转包、互换、出租、代耕、继承、拍卖七种土地流转模式的交易费用较小，因为转让、转包、互换、出租、代耕、继承主要发生在个别农户之间，参与主体比较少，程序也比较简单，很多交易双方没有签订正式的合同和登记备案。但是这些交易中交易信息的搜寻成本较高，因为信息比较零散。入股、土地信托、反租倒包、"双放弃，三保障"、"土地换社保，宅基地换住房"和"两分两换"六种土地流转模式中交易费用较大，因为参与的主体较多，每一个参与主体的诉求可能不同，较难达成一致，有的甚至在强制下才能够达成协议。尤其是"两分两换"模式，给了农户自由选择权，交易费用就很大。

第四，十三种模式中的剩余控制权都属于转入方所有，采用现代生产方式的模式剩余控制权比采用传统生产模式情况下要大。在剩余控制权归属方面，十三种模式中的剩余控制权都属于转入方所有，由于有些模式中存在中介机构，中介机构也有部分剩余控制权。具体来说，转让、转包、互换和继承四种模式的剩余控制权归转入农户，出租和入股两种模式剩余控制权归转入方，在出租中转入方可以是农户也可以是农业企业，入股模式中转入方可以是农业合作社也可以是农业企业。代耕模式中剩余控制权的归属根据协议可能是转入方或转入方中的一方也可能是双方共享。土地信托、反租倒包和拍卖三种模式中剩余控制权归转入土地的企业和充当中介的土地信托公司（反租倒包和拍卖模式中是集体经济组织）。"双放弃，三保障"、"土地换社保，宅基地换住房"和"两分两换"三种土地流转模式，宅基地升值的剩余控制权归集体经济组织（村或乡镇），土地流转的剩余控制权归转入的企业和集体经济组织。在剩余控制权大小方面，十三种模式中采用传统生产方式的转让、转包、互换、代耕、继承五种模式比较小，采用现代生产方式的出租、入股、土地信托、"双放弃，三保障"、"土地换社保，宅基地换住房"和"两分两换"六种模式剩余控制权比较大，并且因为"双放弃，三保障"、"土地换社保，宅基地换住房"和"两分两换"三种模式中因为有建设用地的出让能够带来较多收益，因此剩余控制权就很大。而拍卖和反租倒包两种模式因为生产方式不确定，因此剩余控制权大小也不确定。

第五，十三种模式中的剩余索取权分别属于不同的参与者，大小方面基本和剩余控制权一致。在剩余索取权归属方面，转让和继承两种模式是一次性的交易，因此转入方单独享有剩余索取权。互换是一次性交易且双方没有关系，因此不存在剩余索取权。其他模式的剩余索取权都分别给不同的参与主体占有，具体来说就是被转入者（农户、企业或个人）和转出农户以及中介组织（信托公司、集体经济组织）所有。拍卖模式中剩余索取权归全体成员所有，但不容易实现。在剩余索取权大小方面，除了互换模式没有剩余索取权外，其他与剩余控制权大小一致。

第六，基层政府、企业、种植大户等比普通农户有更大的动力推动土地流转。由于农户在各种土地流转模式中土地面积较小，每一农户都不可能从土地流转中得到很多的收益，但是在采用现代生产方式的几种土地流转模式中，实行的是土地连片流转，由于积少成多的效果，转入土地的企业从中获得了较多收益。政府和村集体因为一方面本身在有的土地流转中可以收益，有的是为了将推进土地流转作为一种政绩。从中央在土地流转的各种文件中反复强调农村土地承包经营权流转要尊重农民意愿就可以看出是在对地方政府提要求，因为平等的主体之间土地承包经营权流转是基于双方自愿行为。虽然中央反复强调，但是长期以来总有个别地方出现土地承包经营权流转损害农民利益的事件发生，这表明一些地方政府为了政绩比普通农民有更大的意愿推动农村土地承包经营权流转。因此政府、企业、种植大户等是收益较大的主体，与普通农户相比政府、企业、种植大户等具有更大的动力推动土地流转。

第七，只要支付的价格足够高，大多数农户愿意将自己的土地流转出去。从土地流转意愿的角度看，无论是理论分析还是实证研究多表明土地对农户的效用主要体现在确保粮食安全、维持就业、增加收入和预防偶发灾害等方面。但是农户也面临着经营土地的成本和务农比较利益低下的问题。面对这种现实，大多数农户愿意在比较高的流转价格下将土地流转，因为高价格可以弥补转出土地带来的利益减少。在土地所有权和承包关系不变的情况下，仅仅流转经营权无损农户的长期利益，农户愿意流转土地从而从土地经营中解放出来从事其他经营以获得更多的收入。当前我国各地土地流转在不同地方土地流转率低的一个重要原因就是土地转出户对流转的期望价格较高，而转入会对土地的期望价格较低，两者不匹配，其根本原因在于土地流转给转入者和转出者带来的效用是不同的，因此转入和转出的期望价格有很大差异，且转出期望价格平均值远高于转入期望价格平均值。而这种不匹配的原因是比较复杂的，受到多个方面的影响，有些跟我国的宏观政策和发展阶段有一定的关系，这也决定了农村土地承包经营权流转是一个长期复杂的过程，不可能在短时期内达到非常高的程度。不过，要想解决土地流转问题，最现实、最直接、最有效的就是解决流转价格问题。

第八，对土地流转期望价格的影响因素是多方面的。促使转出农户较高期望价格的因素是良好的土地质量、较大的土地总面积、种植非粮食作物、有条件进行灌溉、毗邻主要交通要道等。这就意味着农村土地流转在农地质量较好的地区、家庭土地总面积较大的地区、农业种植方式或形成农业特色的地区、农业基础设施较好的地区和交通位置比较好的地块推进土地流转难度就会较大，其根本的原因在于农户能够从土地中获得较高的收入，转出土地就意味着他们有较大损失。促使转出农户较低期望价格的因素是较高的务工人员占家庭劳动力的比例、主要种植粮食作物、无灌溉设施条件等基础设施、不毗邻主要交通要道等。这意味着在外出务工较多、主要种植粮食作物、农业基础设施较差的地区和不毗邻主要交通要道的地块推进土地流转相对比较容易，其根本原因在于在这些地方，依靠土地获得的收入相对较少。他们对土地转出的期望价格也较低，土地流转的转入方对土地流转期望价格也较低甚至为零。但这也为土地流转创造了条件，只要能够改变生产方式或增加农业基础设施，土地经济效益发挥出来对于转入者来说是至关重要的。事实上，这些土地应该是土地流转的重点，因为从土地利用效率的方面讲，这些土地的效率潜能还没有完全发挥出来，需要通过土地流转来达到资源的优化配置。

第九，我国土地流转将来会有大的发展。我国的农村土地承包经营权流转是需要一个渐进的过程，虽然在足够高的流转价格下，农户大多愿意流转土地，但现实中是无法实现足够高的价格。根据调查的数据显示，大部分被访家庭表示将来很可能流转土地，原因是新生代的农民由于各种原因不愿意再经营土地，这些家庭面临着土地无人经营的处境，这表明随着社会人口结构的变化，愿意继续耕种的人越来越少，土地流转的数量就会越来越多。从现阶段看农村土地承包经营权流转受到多种因素的影响，是一个比较复杂的过程，家庭所在地区的经济社会等宏观环境和家庭内部的微观因素都决定了土地流转是比较复杂的。这并不是说我国的土地流转在近年内没有进展，因为各地的具体情况不同，有的地方可能在近年就会形成大规模的土地流转。不过，从人口的代际交替发展趋势看，全国的土地流转可能在将来普遍遇到愿意经营土地的人减少的情况，随着流转土地的人越来越多，到那时全国上下一定规模的农场就会渐渐地增多。今后新生代农民工与老一代农民交替时可能是土地流转的高峰期，到时大部分家庭大龄农民已经无力耕种，新生代农民工又不愿意耕种土地，且到时新生代农民工养老对耕地的依赖将减弱，土地流转的各种社会服务机构也日渐成熟，农村土地承包经营权的流转比例将越来越高。

第十，我国土地流转不能操之过急。正如知名学者陈锡文所指出的按平均一个家庭经营100亩计算，我国只需要1800万户就够了。农业普查显示我国有农户近2亿户，这样需要转移出去的比例为90%以上。如果仅仅考虑农村土地承包经营权流转而不考虑就业、收入是不现实的，目前，在中国发展规模经营，规模太大脱离中国实际，规模太小导致农民收入少，种地意愿下降，农产品没有竞争力。因此推动农村土地承包经营权流转既不能强行推进，也不能限制，而是要根据各地情况因地制宜地发展，既要积极鼓励，也要与非农就业机会、农村劳动力转移规模、农业社会化服务水平相适应，各地地方不搞"一刀切"。

7.2　建　议

第一，实施落实土地承包经营权长久不变思想。农村土地承包经营权流转能够顺利进行的一个重要的前提是承包经营权稳定。在整个产权中，土地承包经营权包括使用权、收益权，不包括所有权和处置权。土地流转时正是土地使用权的流转，如果承包经营权不稳定，土地流转就要受到影响，这已经为以前的土地承包期轮换时所证实。2008年党的十七届三中全会文件《中共中央关于推进农村改革发展若干重大问题的决定》中提出："赋予农民更加充分而有保障的土地承包经营权，现有土地承包关系要保持稳定并长久不变。"2009年中央《关于2009年促进农业稳定发展农民持续增收的若干意见》中指出："抓紧修订、完善相关法律法规和政策，赋予农民更加充分而有保障的土地承包经营权，现有土地承包关系保持稳定并长久不变。"关于土地承包经营权长久不变的说法在一些政策文件中经常见到，但是还没有看到出现在任何条例、规章中，更没有出现在法律中。既然土地承包经营权长久不变已经成为社会的共识，并且在我国实施土地承包以来，其制度的优越性以及为实践所证实。党的十九大提出，保持土地承包关系稳定并长久不变，第二轮土地承包到期后再延长三十年。2018年《中华人民共和国农村土地承包法》进行了明确规定，将其从政策意见上升到法律的高度。这样，土地的承包关系就非常稳定，作为土地流转的转入和转出双方都会有一个稳定的心理预期，减少政策风险。

第二，我国农村土地承包经营权流转要因地制宜，不能为流转而流转。土地流转有转让、转包、互换、出租、入股、代耕、拍卖、土地信托、反租倒包、继承、"双放弃，三保障"、"土地换社保，宅基地换住房"、"两分两换"十三种土地流转模式，每一种模式中的做法都有区别，并且出现在不同的地方，甚至在有的同一模式中，不同地方的做法也会有细节上的不同，这说明土地流转是非常复杂的，必须结合不同的地方因地制宜地进行，不能一刀切。同时我国关于土地流转的法律、法规和政策也是根据具体社会发展状况不断进行完善，也表明土地流转不能制定一劳永逸的政策。但也必须认识到土地流转是我国农村社会发展的必然方向，各级政府应加强指导和提供服务，做到尽力提供便利但不拔苗助长，不能为了完成任务强行流转，不能为了政绩强行流转，更不能不结合本地实际情况，盲目照搬其他地方的做法。基层政府应结合当地的实际情况，根据当地的社会、经济发展状况，根据当地发展的规划合理地引导土地流转，做到土地流转能够起到转变农业生产方式，能够增加农民收入，能够充分尊重农民意愿。政府在指导土地流转时要做到坚持中央提出的"三不"原则，即"不改变集体所有土地的性质，不

173

改变土地的农业用途，不损害农民的合法利益"。

第三，加强农田水利基础设施建设，提高农地质量。农地质量是影响农地流转的重要因素。我国大部分地区受农地质量、家庭分工和劳动力转移和其他因素的影响，农地流转市场的供求关系短期难以达到均衡，尤其是农地质量低的地区，依靠农户改变农地质量短期内难以实现，农地流转市场将会长期需求不足，这些地方有可能会出现农地撂荒的现象，这对粮食安全会产生不利影响，如果要改变这种状况，政府要加大投资，提高这些地区的农地质量。但是农地质量高的地区，随着务农人口的减少，在利润规律的作用下，农地会自发地流转。由于从粮食安全的角度分析，无论农地由谁来经营，只要农地被充分利用都不会影响粮食安全，因此政府无须管制。另外，需要指出的是政府在加强农田水利建设提高农地质量时，不一定是为了满足种植业的要求，比如土地质量不好虽然影响种植业效益，但不会影响养殖业或者有些特色种养业的效益，因此可以尝试改变生产结构和生产方式。

第四，提倡以现代生产方式为目的的土地流转。农业生产方式也是影响农地流转的重要因素。现代农业生产方式有较高的经济效益和较好的社会效益，也是我国农业发展的大趋势，但是受资金和技术的制约，借助于农地流转实现农业生产方式的转变也不可能大面积实现。但是这种趋势是我国农业未来发展的方向，政府可以考虑制定相应的政策进行鼓励和引导，尤其是引导东南沿海的资金和技术逐步向中西部地区转移，加大改造传统农业的力度，积极推广先进的农业技术和农业良种、良法，在地方财政资金允许的情况下，通过补贴提高以改变农业生产方式为目的的流转发生率，从而逐步实现现代农业。但仍然要坚持"不改变集体所有土地的性质，不改变土地的农业用途，不损害农民的合法利益"的原则。能够调整种植结构或改变种植模式的地方可以对农户统一支付较高的流转价格鼓励大部分农户转出土地。如果是为了土地流转而流转，既不能够调整农业生产结构，也不能够改变农业生产方式的土地流转，政府积极推进并进行补贴是毫无意义的。

第五，从维护土地流转农户的利益出发，重点规范地方基层政府、村集体和相关企业的行为。鉴于有的模式中农户利益受损，因此在流转模式选择上，尽量推行剩余控制权在农户手中的模式。鉴于转让、转包、互换、继承、出租和入股六种模式中转入方和转出方基本上是平等的主体，因此从维护农户利益的角度出发应该提倡这些方式的流转。在其他流转模式中尤其是在有政府、村集体、企业参与的流转模式中，这些主体有比农户有更大的动力推动土地流转，但这些主体与农户相比，在利益博弈中处于有利地位，从维护土地流转农户利益的角度出发关键是规范地方基层政府、村集体和相关企业的行为。从社会发展的角度出发，在城镇化推进的过程中，城市近郊的农户宅基地和土地进行流转也是势在必行，但是在这些地方的土地流转一定要妥善解决好流转农户就业、社会保障和住房问题，要充分尊重农户的意愿，让参与土地流转的农户没有后顾之忧，让他们感觉到参与土地流转后与以前相比生活质量有了明显的提高。同时在城市远郊地方，地方政府也应该为农户间的土地流转提供相应的服务，具体包括：规范农村土地承包经营权流转程序和发表土地流转供求信息。基层政府应根据相关法律规定，细化土地流转流程，制定相应的合同格式，设置专门的登记机构，这样一方面可以为土地流转双方提供信任保障；另一方面也可以减少土地流转纠纷的发生。有条件的地方可以发展土地托管所、土地流转交易所、土地流转交易大厅等中介组织，并通过网络、手机短信等及时发布市场信息，为有转入、转出土地需求的农户提供便利。

第六，加强政府参与的土地流转模式中土地用途管制。在生产方式方面，转让、转包、互换、代耕、继承五种模式土地流转后仍然是传统的流转模式。这些流转模式一般不会导致土地"非粮化"或"非农化"。出租、入股、土地信托、"双放弃，三保障"、"土地换社保，宅基地换住房"和"两分两换"六种模式土地流转后就很可能变为现代生产方式。改变生产方式的这几种流转模式，这些模式中是比较容易改变土地用途，出现土地"非粮化"或"非农化"。土地"非粮化"或"非农化"带来的消极影响是显而易见的，中央也比较关注，如果说地"非粮化"对粮食安全带来的影响是正面还是负面不确定，而"非农化"给粮食安全带来的威胁是确定无疑的。虽然法律已经明确规定土地流转不能改变土地的农业用途，但事实上不少土地流转模式中有部分土地已经改变了土地的农业用途。鉴于我国人多地少的国情和利用国际市场解决粮食安全的空间有限，必须对土地流转的农业用途进行严格管制。并且管制的重点放在有企业、基础政府或村集体参与的流转模式上。

第七，如果政府要加快土地流转并尊重农户意愿就要对农户进行补贴。土地流转给转入者和转出者带来的效用不一致是引起土地流转无法达成交易的主要原因。转出者关心的是土地带来的确保粮食安全、增加收入、维持就业和社会保障四个方面的效用，而转入者只关心土地的增加收入效用，这必然导致转出意愿价格平均值远高于转入意愿价格平均值，进而导致无法达成土地流转交易。地方政府要想促进土地快速流转，就必须用补贴的方式弥补转出户和转入户意愿价格之间的落差，促成交易达成。这种做法在一些地方已经实施，比如有些地方为了调整种植结构或发展现代农业，通过政府补贴和转入户共同付费以达到转出户的意愿价格。一些地方政府为了鼓励种烟叶或发展大棚蔬菜等，采用这种做法。这种做法有其明确的宏观和微观意义。从宏观上看，改变种植模式或种植结构，有利于农产品品牌的形成，有利于形成有规模的农产品市场，从而农产品在市场的竞争中会渐渐形成价格优势，这对转入的农户来说是利好，同时转出户从务农中解脱出来从事非农业，既获得了土地流转的收益又获得了非农业收益。地方政府之所以愿意补贴也不是没有好处，地方政府之所以愿意补贴是处于将来增加税收的考虑。因为农产品市场形成以后，一方面有外地客商前来进行贸易，可以促进第三产业的发展，将来形成税收；另一方面农产品的大规模种植为农产品深加工企业提供了原材料基地，有可能形成农产品深加工龙头企业，这为带动当地经济发展和增加税收收入提供了可能。

第八，对土地流转期望价格的影响因素有多个方面，土地流转率不会突然提高，要逐步推进。我国人口众多，地域宽广，不同地方的经济发展水平不同，不同农户家庭的情况不同，因此影响土地流转价格的各种因素是多个方面的。虽然调研表明在农民代际交替时土地流转会有较大发展，但是这是一个渐进的过程，不能急于求成。政府可以在此过程中创造良好的宏观环境，包括：拓宽就业渠道和提高社会保障水平。无论在任何条件下，拓宽就业渠道，增加农民非农就业机会都将是促进土地流转的有力推手。要想拓宽就业渠道主要是大力发展第二、第三产业，大力发展第二、第三产业一方面可以增加就业机会；另一方面农民的工资性收入也会大幅增加，在此条件下务农会造成很大的机会成本，农户自然原因流转土地，转入的农户也可以大规模地转入土地，实施规模经营。提高社会保障水平，减少农民对土地社保功能的依赖程度。目前，我国在农村已经初步建立起来了医疗、养老、教育等社会保障体系，但是仍然处于较低水平，今后要在国家财力允许的情况下，不断提高农村的社会保障水平，减少农民对土地社会保障功能的依赖。有一些农户不愿意流转土地的原因是因为现在农村务农的人有相当一部分为老人，他们无法在社会上找到非农就业岗位，尤其是年龄超过60岁以后的老人外出务工也没有工作的机会。但是这些人仍然有劳动能力可以务农，这也是别无选择，在农村没有退休制度，农民基本上都是活到老干到老。在这种家庭中，农业收入几乎是全部的家庭收入，这些老年人视土地如生命，如果土地流转出去也就失去了仅有的收入来源，因此无论如何都不愿意流转土地。我国何时能够建立起完善的农村社会保障体系，使农民也能够和城镇居民一样退休，并且退休后有稳定的社会保障和收入来源，到那时土地流转将会顺利。

第九，重视社会协调发展，逐步推进土地流转。从我国农业发展的长期趋势看通过土地流转实现规模经营是发展现代农业的必由之路，但这是一个长期的过程，可能几十年也可能几百年，无论其时间有多久都需要满足社会协调发展的要求。目前，土地流转和规模经营的主要困难不是别的问题，而是无法解决大量农户的转移就业问题。政府需要在规模经营方面具有足够的耐心，但也不是无能为力。一方面政府可以采取措施，大力发展二、三产业，提供更多高质量的就业岗位，吸引农户转移就业，如果农户就业问题解决了，土地规模经营问题自然就解决了；另一方面政府可以通过补贴中小家庭农场的方式，提高土地转入价格，发挥市场规律的作用，引导农户自愿流转土地。不希望家庭农场的经营规模过大，但同时家庭农场的经营规模也不能过小。从河南省的情况看，2013 年两个劳动力的家庭农场规模应在 142 亩左右，2023 年两个劳动力的家庭农场规模应在 220 亩左右。统计数据显示 2013 年年底河南省经营面积在 50—100 亩的小型家庭农场有 5013 家，占 32.26%，这表明需要对这些中小型农场进行重点补贴，降低其经营成本以转入更多的耕地，近期逐渐将规模扩大到 150 亩左右，在未来十年逐渐将面积扩大到 220 亩左右。同时对农场主进行培育，帮助其成为懂技术、会管理、善经营的新型职业农民，使其能够获得更多的收益。

第十，从转入方进行有区别补贴。笔者调查表明只要转入方支付的价格比较高，大部分农户是愿意流转土地的。目前有一部分农户不愿流转土地是因为担心土地流转出去收不回或丧失领取各种补贴的资格。目前的种粮补贴实际上被均分，没有起到促进粮食生产的作用。农业部2013 年曾披露我国的家庭农场中经营规模 50 亩以下的有 48.42 万个，占家庭农场总数的 55.2%，50—100 亩的有 18.98 万个，占 21.6%，两者合计 100 亩以下的家庭农场占 76.8%，可见我国大多数家庭农场土地经营规模偏小。因此新增加的补贴应按照不同规模区间分别执行不同的补贴标准，重点补贴经营规模在 50—150 亩的中小型家庭农场，目的是降低其土地转入成本，让他们发展成适度规模的家庭农场，对于不同经营主体经营面积中超过 300 亩以上的部分不进行补贴，目的是减少超大规模经营主体的出现。具体的补贴标准除了中央安排一定资金外，地方政府也可以根据当地土地流转的实际情况给予补贴，目的是保证家庭农场有合理的收入和利润。

第十一，建立符合土地转让条件人口的承包权永久退出机制。转让是推进土地适度规模经营比较彻底的形式。目前在城市有稳定职业或者收入的人口中有一部分已经是非农业户口，但原来的土地承包经营权仍然没有转让，尤其在第二轮土地承包中推行"增人不增地，减人不减地"和农业补贴政策实施之后，这部分人更不愿意转让土地。从农村转移出去的农业人口和非农业人口中有一部分有稳定工作，其家庭成员以及后代都不会再回到农村生活，对于这些人的承包经营权要进行清理，减少长期低效率使用农村土地资源。以目前进行的土地确权为契机，对政府公职人员和事业单位职工以及国有企业职工进行农村土地承包权永久性清理，当然清理也要制定相关的政策给予合理补偿，保障其利益不受损失。补偿的经费来源按照谁受益谁支付的原则，可以是转入方支付也可以是作为发包方的基层政府或村集体支付并收回土地。要对符合土地承包权永久性退出条件的人口进行定期清理，有利于农业适度规模的形成。

第十二，完善土地信托，培育土地流转市场。土地信托或土地银行是典型的市场运作模式，由于农村土地的经营权不同于一般的商品，也不同于一般的不动产，在土地信托中有其特殊的地方。政府可以出台相应的政策给予一定的资金支持以减少土地信托机构的风险。对于一些由地方基层政府主导成立的土地流转信托公司，也要规范其行为，不能违背农民意愿流转土地。2014年11月中央下发的《关于引导农村土地经营权有序流转　发展农业适度规模经营的意见》中明确规定"没有农户的书面委托，农村基层组织无权以任何方式决定流转农户的承包地，更不能以少数服从多数的名义，将整村整组农户承包地集中对外招商经营。防止少数基层干部私相授受，牟取私利。严禁通过定任务、下指标或将流转面积、流转比例纳入绩效考核等方式推动土地流转"。今后就是要细化并严格执行土地流转相关规定，让这些规定落到实处。

参考文献

1. 韩长赋：到 2018 年年底 全国有 5.39 亿亩耕地在流转，ht-tp：//news. sina. com. cn/o/2019 – 11 – 28/doc – iihnzhfz2238415. shtml.

2. 2019 年全国耕地质量等级情况公报，农业农村部公报〔2020〕1 号．

3. 北京大学国家发展研究院综合课题组．合法转让权是农民财产性收入的基础——成都市农村集体土地流转的调查研究 [J]．国际经济评论，2012（2）：129—141．

4. 张红宇．对当前农地制度创新的几点看法与评论 [J]．农村经济，2005（08）：5—9．

5. 高青．当前农村土地承包经营权流转的难点与对策 [J]．湖北社会科学，2010（8）：91—94．

6. 陈锡文．我国农村改革的历程（一）[J]．百年潮．2017（01）：5—19．

7. 王佳月，李秀彬，辛良杰．中国土地流转的时空演变特征及影响因素研究 [J]．自然资源学报．2018（12）：2067—2083．

8. 易小燕、陈印军等. 现行农地使用权流转的模式比较及效应评价 [J]. 农业科技管理, 2009 (08): 56—59.

9. 黄丽萍. 农地承包经营权连片流转的困难和对策探讨 [J]. 福建论坛 (人文社会科学版), 2010 (05): 39—42.

10. 王亚辉、李秀彬、辛良杰、谈明洪、蒋敏. 中国土地流转的区域差异及其影响因素——基于 2003—2013 年农村固定观察点数据 [J]. 地理学报, 2018 (03): 487—502.

11. 卞琦娟、周曙东等. 农户农地流转现状、特征及其区域差异分析 [J]. 资源科学, 2011 (02): 118—124.

12. 赵丙奇、周露琼等. 发达地区与欠发达地区土地流转方式比较及其影响因素分析 [J]. 农业经济问题, 2011 (11): 62—67.

13. 李学文、张蔚文、陈帅. 耕地非农化严格管控下的地方合作、共谋与制度创新——源自浙江省土地发展权折抵指标交易政策的证据 [J]. 经济学季刊, 2020 (03): 797—824.

14. 蔡瑞林、陈万明、朱雪春. 成本收益：耕地流转非粮化的内因与破解关键 [J]. 农村经济, 2015 (07): 44—49.

15. 公茂刚、王学真、李彩月. "三权分置"改革背景下我国农村土地流转现状及其影响因素研究 [J]. 宁夏社会科学, 2019 (01): 92—101.

16. 郤亮亮. 中国农户在农地流转市场上能否如愿以偿？——流转市场的交易成本考察 [J]. 中国农村经济, 2020 (03): 78—96.

17. 李坤、唐琳、王涛. 论农村土地流转过程中政府行政权力介入的限度 [J]. 云南财经大学学报, 2019 (12): 105—112.

18. 贺苏园、桂华. 去财产化：农地资源配置的困境与突破——基于国有农场"两田制"的考察［J］．华中农业大学学报（社会科学版），2017（06）：127—132.

19．贺雪峰．城乡二元结构视野下的乡村振兴［J］．北京工业大学学报（社会科学版），2018（05）：1—7.

20．王海娟、胡守庚．土地细碎化与土地流转市场的优化路径研究［J］．学术研究，2019（07）：45—52.

21．薛惠元、李林．土地流转视角下农民退休问题研究［J］．经济体制改革，2020（04）：94—100.

22．张勇．农户退出土地承包经营权的意愿、补偿诉求及政策建议［J］．中州学刊，2020（06）：39—45.

23．张苇锟、杨明婉．土地转出规模与农村劳动力转移就业——基于粤赣乡村调研数据的实证分析［J］．调研世界，2020（08）：26—32.

24．郎佩娟．农村土地流转中深层次问题与政府行为［J］．国家行政学院学报，2010（01）：30—34.

25．赵锦凤．农村土地流转与政府行为问题研究［J］．山西农业大学学报（社会科学版），2011（03）：59—62.

26．王颜齐、郭翔宇．"反租倒包"农地流转中农户博弈行为特征分析［J］．农业经济问题，2010（05）：34—44.

27．韩冬、韩立达．农地承包经营权流转中的农民意愿及对策研究．农村经济，2012（1）：35—39.

28．张卫锋．略论土地承包经营权流转与农民市场主体地位的建立［J］．科技创业月刊，2010（01）：132—133.

29. 陈昱、陈银蓉、马文博．基于 Logistic 模型的水库移民安置区居民土地流转意愿分析，资源科学，2011（6）：1178—1185.

30. 陈成文．论促进农村土地流转的政策选择．湖南社会科学［J］．农业经济，2012（02）：96—103.

31. 乐章．农民土地流转意愿及解释．基于十省份千户农民调查数据的实证分析，农业经济问题，2010（2）：64—70.

32. 王倩、管睿、余劲．风险态度、风险感知对农户农地流转行为影响分析——基于豫、鲁、皖、冀、苏 1429 户农户面板数据［J］．华中农业大学学报（社会科学版），2019（06）：149—158.

33. 郭晓鸣、徐薇．农地规模化流转：潜在风险及对策选择［J］．农村经济，2011（9）：5—7.

34. 丁涛．农户土地承包经营权流转意愿研究——基于 Logistic 模型的实证分析［J］．经济问题，2020（04）：95—103.

35. 吴福章．产权改革视角下的农村土地流转［J］．法制与社会，2007（06）：574—575.

36. 韩笑．产权残缺：我国农村土地承包经营权流转的困境［J］．山东省农业管理干部学院学报，2007（03）：41—42.

37. 董国礼．产权代理分析下的土地流转模式及经济绩效［J］．社会学研究，2009（01）：29—67.

38. 兰勇、何佳灿、易朝辉．家庭农场土地经营权稳定机制比较［J］．农村经济，2017（07）：32—38.

39. 王原雪、颜廷武．农村土地流转中金融服务供需状况及其创新［J］．山东省农业管理干部学院学报，2011（02）：33—35.

40. 崔慧霞. 土地流转中的农村金融效应分析 [J]. 上海金融, 2009. (05): 12—14.

41. 陈振峰、张立杰. 土地流转改革后农村金融需求研究 [J]. 黑龙江金融, 2009. (03): 48—49.

42. 张瑞怀. 对四川省土地流转及金融需求情况的调查 [J]. 中国金融, 2009 (08): 77—78.

43. 黄向庆. 农村土地使用权流转及金融支持: 几个案例比较 [J]. 金融发展研究, 2009 (07): 5—8.

44. 彭澎、刘丹. 三权分置下农地经营权抵押融资运行机理——基于扎根理论的多案例研究 [J]. 中国农村经济, 2019 (11): 32—50.

45. 张正河. 农民工准城市化背景下耕地流转困境研究 [J]. 学术研究, 2009 (10): 85—91.

46. 陈文学、高圣平. 土地承包经营权抵押流转研究 [J]. 社会科学研究, 2010 (06): 39—42.

47. 刘燕舞. 新两田制: 为何及如何可能?——基于4个村庄应对金融危机有效性的比较 [J]. 湖南农业大学学报 (社会科学版), 2010 (05): 20—26.

48. 党国英. 我对土地改革难题的解决方案 [N]. 经济观察报, 2010年8月9日043版.

49. 中华人民共和国土地管理法 (2019年最新修订) [M]. 北京: 中国法制出版社, 2019.

50. 中华人民共和国农村土地承包法 [M]. 北京: 中国法制出版社, 2019.

51. 农村土地承包经营权流转管理办法［J］. 现代农业，2015（4）：41 - 42.

52. 农村土地经营权流转管理办法［EB/OL］. 农村农业部网站，2021 - 01 - 26.

53. 潘俊，农村土地承包权和经营权分离的实现路径［J］. 南京农业大学学报（社会科学版），2015（04）：98—105.

54. 李佳奇、刘冰镜、彭启远. 嘉兴农地入市问题浅析［J］. 金融经济，2015（10）：19—21.

55. 江喜林. 新农村建设农村土地使用权流转中政府职能的优化［J］. 南方农村，2009（04）：47—50.

56. 朱善利. 土地制度改革和粮食安全［EB/OL］. 新浪财经网，http//www. sina. com. cn. 2009 - 11 - 22.

57. 陈卫群. 土地流转制度下的粮食安全［J］. 晋城职业技术学院学报，2009（4）：70—72.

58. 张五钢. 我国土地流转中的"非粮化"倾向与对策研究［J］. 黄河科技大学学报，2010（05）：60—63.

59. 新华网. 土改再推进，政策创新撬动农业现代化. 2014 年 12 月 30 日. http：//news. xinhuanet. com/fortune/2014 - 12/30/c_ 127345523. htm.

60. 陈锡文谈三农问题：农业现代化要从实际情况出发. 2013 年"两会"独家报道［EB/OL］. 中国网. 2013 年 3 月 13 日. http：//news. chi-na. com. cn/2013lianghui/2013 - 03/13/content_ 28226613. htm.

61. 陈锡文. 2013 年中国农业发展新年论坛文字实录［EB/OL］. 中华粮网. 2013 年 1 月 13 日. http：//www. cngra - in. com/Publish/

news/201301/538866. shtml.

62. 韩俊. 农业改革需以家庭经营为基础［N］. 经济日报, 2014年8月7日第14版.

63. 党国英. 发展家庭农场应防止搞"一刀切"［N］. 农民日报, 2013年2月26日第3版.

64. 陈锡文. 发展家庭农场不能硬赶农民走［N］. 南方都市报, 2013年6月11日第16版.

65. 郭铁民等. 农地股份合作制问题探讨［J］. 当代经济研究, 2001（12）: 30—33.

66. 余伟基. 农村城镇化的载体——农村股份合作制［J］. 南方农村, 2003（03）: 41—43.

67. 胡亦琴. 新土地革命: 浙江农村土地流转方式调查［J］. 经济理论与经济管理, 2002（02）: 68—73.

68. 韩长赋. 扎实做好农村土地经营权流转工作发展农业适度规模经营. 农民日报, 2014 - 12 - 06: 1.

69. 朱方林、王清举、朱大威. 农户粮食生产适度规模经营的经济学研究——以江苏省宿迁市为例［J］. 江苏农业科学, 2014（8）: 468—470.

70. 王国敏、唐虹. 山地丘陵区农地适度规模经营的有效性及其限度——对适度规模经营危害论的一个批判［J］. 社会科学研究, 2014（6）: 16—23.

71. 李谷成、冯中朝、范丽霞. 小农户真的更加有效率吗? 来自湖北省的经验证据［J］. 经济学季刊, 2010（1）: 95—124.

72. 王建军、陈培勇、陈风波. 不同土地规模农户经营行为及其经济效益比较研究——以长江流域稻农调查数据为例 [J]. 调研世界, 2012 (5): 34—37.

73. 梅建明. 再论农地适度规模经营——兼论当前流行的"土地规模经营危害论" [J]. 中国农村经济, 2002 (9): 31—35.

74. 宋伟、陈百明、陈曦炜. 东南沿海经济发达区域农户粮食生产函数研究——以江苏省常州市为例 [J]. 资源科学, 2007 (6): 206—210.

75. 许庆、尹荣梁、章辉. 规模经济规模报酬与农业适度规模经营——基于我国粮食生产的实证研究 [J]. 经济研究, 2011 (3): 59—71.

附件 1 河南省农地流转调查问卷（已流转农户）

市_____县_____乡镇_____村_____组 电话：_____

1. 被访者姓名：_____被访者性别_____，年龄_____，文化程度_____，家庭劳动力中文化程度最高的是_____，家中共有_____人，其中劳动力_____人，农业劳动力_____人。

2. 该农户的耕地所处的自然地理环境是：A. 山地 B. 丘陵 C. 平原

3. 被访者及其家庭成员 2015 年的基本情况和非农收入情况

与户主的关系	性别	年龄	文化程度	职业类型	农业工作时间（月）	非农工作时间（月）	非农工作地点	非农工作总收入（元）	非农工作成本（元）	非农工作描述
1. 户主本人										
2. 户主的										
3. 户主的										
4. 户主的										
5. 户主的										

4. 2015 年被访农户种植业和其他农副产品的收入情况

作物名称	种植面积（亩）	总产量（千克）	出售数量（千克）	单价（元/千克）	其他农副产品	销售数量	价格（元/千克）
小麦					猪		
玉米					养		
					鸡		
					鸡蛋		

5. 你家 2015 年的农业补贴总收入为_____元。你家 2015 年的存款利息收入为_____元。你家 2015 年出租房屋的收入为_____元。

6. 你家是否转包耕地给别人：A. 否　B. 是

转包的面积是：_____亩，转包的耕地在转出前种植的是_____作物，每亩产量为_____斤，和对方约定的转包期限是_____年。每亩耕地转出的收入是_____（实物或现金），对方转入耕地后种植的是_____，预计对方每亩的毛收入为_____元，净收入为_____元。你家转出耕地的原因是：A. 家庭劳动力不够 B. 外出务工顾不上　C. 种地不赚钱　D. 对方给的报酬高　E. 其他

_____

7. 你家是否出租耕地给别人：A. 否　B. 是

出租的面积是_____亩，出租的耕地在转出前种植的是_____作物，每亩产量为_____斤，和对方约定的出租期限是_____年。每亩耕地的租金收入是_____元，对方租入耕地后的用途是_____，预计对方每亩的毛收入为_____元，净收入为_____元。你家出租耕地的原因是：A. 家庭劳动力不够　B. 外出务工顾不上　C. 种地不赚

钱 D. 租金高 E. 其他_____

8. 你家是否和别人互换过耕地：A. 否 B. 是

互换的面积是_____亩，互换耕地的原因是_____

_____

9. 你家是否退回过耕地：A. 否 B. 是

退回的面积是_____亩，退回前种植的作物是，每亩地单产为__

_____斤，退回的耕地在你家所有的耕地中的质量属于：A. 较差

B. 一般 C. 较好。

退回耕地的原因是_____

_____

退回耕地返回给 A. 集体 B. 其他农户 。

你是否在退回的耕地上有投资（如打井、修路等）：A. 否 B. 是

_____投资，那么你的投资是否取得相应补偿 A. 否 B. 是，得到

的补偿为____元。

10. 你家耕地是否入股农业合作组织或股份制公司：A. 否 B. 是

入股的面积是_____亩，入股的原因是_____

_____

每亩耕地每年得到的收入是_____元，需要承担的义务是：

_____

11. 你家是否出租耕地给集体或公司：A. 否 B. 是

出租的面积是_____亩，出租的耕地在转出前种植的是_____

_____作物，每亩产量为_____斤，和对方约定的出租期限是____

_____年。每亩耕地的租金收入是_____元，对方租入耕地后

的用途是＿＿＿＿＿＿＿＿，预计对方每亩的毛收入为＿＿＿＿元，净

收入为＿＿＿＿元。你认为租金是否被截留：A. 否　B. 是＿＿＿＿，

你家出租耕地的原因是：A. 家庭劳动力不够　　B. 外出务工顾不上

C. 种地不赚钱　D. 租金高　E. 集体统一　F. 其他＿＿＿＿＿＿＿＿

＿＿＿＿＿＿

12. 你的耕地流转（包括转包、出租、转让、互换、入股等）是否

签订有合同：A. 没有　B. 有

合同的内容是否有下列内容：（A. 耕地的名称　B. 坐落方位　C.

面积　D. 质量等级　E. 流转的期限和起止日期　F. 流转土地的用途

G. 双方当事人的权利和义务　　H. 流转价款及支付方式　I. 违约责

任）如果没有合同，是通过什么方式达成协议的？A. 口头　B. 其他＿＿

＿＿＿＿＿

13. 你认为流转土地最好的取得报酬方式是：A. 固定数量的现金

B. 固定数量的实物（粮食）

14. 你认为流转土地最好支付报酬时间是：A. 流转时　B. 农作物

收获时　C. 每年固定时间（如年初或年尾）

附件2 河南省农地流转调查问卷（未流转农户）

市_____县_____乡镇_____村_____组 电话：_____

1. 被访者姓名：_____被访者性别_____，年龄_____，文化程度_____，家庭劳动力中文化程度最高的是_____，家中共有_____人，其中劳动力_____人，农业劳动力_____人。

2. 该农户的耕地所处的自然地理环境是：A. 山地 B. 丘陵 C. 平原

3. 被访者及其家庭成员 2015 年的基本情况和非农收入情况

与户主的关系	性别	年龄	文化程度	职业类型	农业工作时间（月）	非农工作时间（月）	非农工作地点	非农工作总收入（元）	非农工作成本（元）	非农工作描述
1. 户主本人										
2. 户主的										
3. 户主的										
4. 户主的										
5. 户主的										

4. 2015 年被访农户种植业和其他农副产品的收入情况

作物名称	种植面积（亩）	总产量（千克）	出售数量（千克）	单价（元／千克）	其他农副产品	销售数量	价格（元/千克）
小麦					猪		
玉米					养		
					鸡		
			.		鸡蛋		

5. 你家 2015 年的农业补贴总收入为_____ 元。你家 2015 年的存款利息收入为_____ 元。你家 2015 年出租房屋的收入为_____ 元。

6. 你认为种地重要吗？ A. 重要 B. 不够重要，为什么？_____

_____

7. 你认为种地给你家庭带来的好处的重要程度依次是：_____

_____

A. 有口粮 B. 可以增加收入 C. 有种粮补贴收入 D. 有活干
E. 有权利（土地承包经营权）

8. 你家的耕地在种植过程中用到农业机械没？ A. 没有 B. 有，是_____机械，是自己的还是雇别人的？ A. 自己 B. 别人

9. 你在农忙时雇用过别人吗？ A. 雇用过 B. 没雇用过

10. 你家的耕地够耕种吗？ A. 够 B. 不够，你是否想从别人那里转入农地？ A. 是 B. 否，为什么：

A. 不赚钱 B. 赚钱少 C. 其他_____

_____

11. 如果你从别人那里转入耕地，你是否愿意给支付报酬？ A. 愿

意，则最高每亩地愿意给____元（或实物_____）报酬？　B. 不愿意，为什么？_____

12. 你家的耕地是由户主（_____岁）的_____耕种，他们的年龄分别为_____岁。

13. 你预计_____年以后，你们家没有人愿意再种地。到时你们的耕地将会 A. 转给别人耕种　B. 交回集体

14. 你是否愿意将自己的耕地转给别人种？A. 是，为什么？____
_____

　B. 否，为什么？_____
如果将你的耕地转给别人耕种，你能够接受的最低报酬是_____元，为什么_____

15. 你认为流转土地最好的取得报酬方式是：A. 固定数量的现金 B. 固定数量的实物（粮食）

16. 你认为流转土地最好支付报酬时间是：A. 流转时　B. 农作物收获时　C. 每年固定时间（如年初或年尾）

17. 你和别人互换过耕地吗？A. 没有 B. 有，原因是_____
_____

18. 如果现在有人愿意转入你的耕地，给你足够高的报酬你愿意转出吗？A. 愿意，每亩地一年给你多少报酬你愿意转给他？_____
_____（请填写具体数目，如 100 元）

　B. 不愿意，为什么？_____
_____

19. 你是否愿意以土地入股的形式交给企业管理（土地承包经营权

还归你，使用权归企业)？A. 不愿意，为什么_____　　　B. 愿意，你希望一亩地每年得到_____元回报。

20. 你的耕地是否有旱能灌、涝能排的条件？A. 有　B. 没有，那么你认为实现这些条件容易吗？A. 不容易　B. 容易，你认为一亩地投资_____元就可以创造这些条件。

21. 你的耕地容易受灾害影响吗？A. 不容易　B. 容易，是什么灾害？_____

22. 如果让你种植大棚蔬菜增加收入你愿意吗（一个大棚投资需 3 万元)？A. 愿意　B. 不愿意，原因是 A. 没资金　B. 不懂技术 C. 没有市场（可多选）

23. 如果政府支持你发展现代农业，你会选择 A. 大棚蔬菜　B. 花卉　C. 反季节水果　D. 其他_____

24. 如果政府支持你发展现代农业，你认为政府给你_____元贷款能够满足需求。